한권에 담은

회계 · 세무 · 재무

한권에 담은

회계·세무·재무

이의경 · 신승묘

신론사

머리말

기업은 재화나 용역을 생산하여 판매함으로써 이윤을 추구한다. 그런데 기업환경의 변화로 인하여 이윤추구에 항상 성공하는 것은 아니며, 그 결과 한 번 탄생한 기업이 시장에서 사라지기까지의 기간은 그리 길지 않은 것으로 알려져 있다. 더구나 시장에서 기업간 경쟁은 날이 갈수록 치열해지고 있으므로 기업이 장기적으로 존속함과 아울러 성장하려면 기업의 경영활동을 합리적으로 수행할 필요가 있다.

기업이 재화나 용역을 생산하여 판매하기까지의 과정 및 이에 필요한 시스템이라는 관점에 입각하여 경영활동은 흔히 인사관리, 마케팅관리, 생산관리, 재무관리 및 회계의 5가지로 구분된다. 그런데 재무관리를 수행함에 있어서는 회계에서 산출한 회계정보에 의존하는 경우가 많다. 그리고 넓은 의미에서의 회계에 속하면서 일부 재무관리의 성격을 지니는 경영활동으로서 세무가 있다. 요컨대 회계와 세무 및 재무관리라는 경영활동은 상호 밀접한 관계에 있으며, 그 주된 이유는 이들이 모두 숫자(화폐적 단위)를 토대로 이루어지는 경영활동이라는 데에 있다.

숫자를 토대로 한 경영활동의 중요성은 아무리 강조해도 지나치지 않다. 일찍이 현대 경영학의 아버지라고 불리는 Peter Drucker는 "측정되지 않으면 관리가 되지 않는다"라고 말함으로써, 막연한 추측이나 감각이 아니라 객관적인 숫자를 이용한 경영활동을 수행해야 함을 강조한 바 있다. 또한 우리나라에 크고 작은 금융위기가 닥쳤을 때 시장에서 사라지거나 혹독한 시련을 겪은 기업들의 상당수는 숫자를 토대로 한 경영활동이 취약한 기업이었다는 공통점을 지니고 있다.

이렇게 볼 때 회계와 세무 및 재무관리의 기본개념을 이해하는 것은 경영자의 입장에서 매우 중요하다고 할 수 있다. 그러나 이는 쉽게 달성되는 것이 아니라 상당한 노력을 요하는 것이며 따라서 이를 위한 적절한 교재의 도움을 받을 필요가 있다. 그런데 회계, 세무, 재무관리의 내용이 모두 적지 않은 분량이어서 기존에 출간된 교재들은 거의 대부분 이들을 각각 다루고 있다. 그렇다보니 회계와 세무 및 재무관리를 서로 연계시켜서 이해하는 데 도움을 주기에는 한계점이 있다고 생각된다.

필자들은 실무현장에서 공인회계사로서 활동한 경력이 있고 대학에서 회계와 세무 혹은 재무관리에 대하여 다년간 강의를 해왔으며 기업체 등의 외부강의를 한 경력도 많은 편이다. 그 동안 강의를 해옴에 있어서 필자들은 가급적 회계와 세무 및 재무관리를 상호 연계하여 전달하고자 노력해 왔으며, 이 책은 이러한 노력의 결과물이라고 볼 수 있다. 이 책의 제목, '한 권에 담은 회계 · 세무 · 재무'에서 알 수 있듯이 경영활동의 초석이 되는 회계와 세무 및 재무관리를 상호 연계시켜서 이해하는 데 필요한 핵심적 내용을 담고 있는 것이 이 책의 큰 특징이라고 하겠다.

이 책은 크게 6부로 구성하였는데, 그 개략적 내용을 설명하면 다음과 같다.

제1부 회계와 재무제표의 이해에서는 회계의 개념 및 분류, 재무제표와 회계기준, 회계순환과정 등에 대하여 설명하였다.

제2부 원가의 흐름과 관리에서는 원가의 흐름, 이익관리, 예산편성과 차이분석 등 원가관리회계의 핵심적 내용에 대하여 설명하였다.

제3부 경제활동과 세무에서는 우리나라의 조세제도를 개관한 후에 법인세와 소득세 및 부가가치세에 대하여 설명하였다.

제4부 재무분석을 이용한 기업평가에서는 기업의 재무제표에서 산출한 각종 재무비율을 이용해서 기업의 재무특성을 파악하는 방법을 설명

하였다.

제5부 효율적 자금관리에서는 자금관리를 효율적으로 수행하기 위해서 필수적으로 알아야 할 내용을 설명하였다.

제6부 자금조달과 투자결정에서는 재무관리에서 기업가치 극대화를 위한 두 가지 의사결정문제, 즉 자금조달과 투자결정의 원리에 대하여 설명하였다.

필자들은 이 책을 쓰면서 회계, 세무, 재무관리 등 각론별로 부담이 되지는 않으면서도 이들 분야를 쉽게 연결시키는 데에 관심을 가졌다. 그래서 기업경영에 관심을 갖고 있는 대학생들은 물론이고 경영 현장에서 활동하는 실무자들에게도 경영과 관련된 개념적 틀을 이해하는 데에 이 책이 도움이 될 것으로 믿는다.

2014년 6월

이의경 · 신승묘

차례

머리말 / 5

제1부 회계와 재무제표의 이해

제1장 경영활동과 회계 16

제1절 기업의 경영활동 16
제2절 회계와 재무관리 19

제2장 회계의 개념 및 분류 22

제1절 회계의 개념 22
제2절 회계의 분류 25

제3장 재무제표와 회계기준 28

제1절 재무제표의 의의 28
제2절 재무상태표 29
제3절 손익계산서 35
제4절 회계기준 41

제4장 회계순환과정 ···· 44

제1절 회계순환과정의 의의 44
제2절 거래기록절차 45
제3절 결산절차 52

제2부 원가의 흐름과 관리

제5장 원가회계와 관리회계 ···· 60

제1절 원가회계란? 60
제2절 원가회계와 관리회계 61

제6장 원가의 흐름 ···· 64

제1절 원가란 무엇인가? 64
제2절 원가의 흐름과 집계 68
제3절 제조원가명세서 71

제7장 이익관리 77

제1절 이익관리란 무엇인가? 77
제2절 손익분기점분석 78
제3절 손익분기점분석의 활용 79
제4절 레버리지효과 85

제8장 예산편성과 차이분석 90

제1절 예산편성절차 90
제2절 예산의 편성 94
제3절 차이분석 98

제3부 경제활동과 세무

제9장 조세제도의 개관 106

제1절 조세의 의의 및 분류 106
제2절 우리나라의 조세체계 109

제10장 법인세 114

제1절 법인세의 개념 및 특징 114
제2절 법인세의 계산절차 116

제11장 소득세 124

제1절 소득세의 개념 및 특징 124
제2절 종합소득세의 계산구조 및 절차 130

제12장 부가가치세 137

제1절 부가가치세의 개념 및 특징 137
제2절 영세율과 면세 142

제4부 재무분석을 이용한 기업평가

제13장 재무분석의 기초개념 150

제1절 재무분석이란? 150
제2절 재무분석의 유용성 151

제14장 비율분석 153

제1절 비율분석이란? 153
제2절 비율분석의 내용 155
제3절 비율분석의 사례 163

제15장 기업부실의 원인 172

제1절 기업부실이란? 172
제2절 기업부실의 원인과 유형 174
제3절 기업부실의 징후발견 177
제4절 기업부실의 예측모형 180

제5부 효율적 자금관리

제16장 자금관리의 기초 188

제1절 자금관리란 무엇인가? 188
제2절 자금관리의 기능 191
제3절 자금관리의 목표 193

제17장 자금관리활동 196

제1절 자금관리활동의 흐름 196
제2절 자금조달유형 198

제18장 현금흐름의 관리 202

제1절 현금흐름표의 이해 202
제2절 현금흐름표의 예시 205
제3절 현금예산의 수립 207
제4절 현금예산의 운영 209

제19장 자금관리에 대한 이해부족 213

제1절 자본시장의 변화 213
제2절 위험관리의 중요성 215
제3절 금리에 대한 올바른 이해 218

제6부 자본조달과 투자결정

제20장 화폐의 시간가치 226

제1절 두 가지 재무의사결정 226
제2절 미래가치 227
제3절 현재가치 231
제4절 화폐의 시간가치 적용분야 236

제21장 자본조달과 자본비용 240

제1절 자본비용이란? 240
제2절 타인자본비용 241
제3절 자기자본비용 243
제4절 자본비용의 이용 248

제22장 투자결정과 자본예산 252

제1절 자본예산이란? 252
제2절 자본예산의 내용 253
제3절 투자안의 평가방법(1) 256
제4절 투자안의 평가방법(2) 260

- 부록 : 복리표와 현가표/ 273
- 찾아보기/ 282

제1부

회계와 재무제표의 이해

제1장 경영활동과 회계

제2장 회계의 개념 및 분류

제3장 재무제표와 회계기준

제4장 회계순환과정

제1장 경영활동과 회계

제1절 기업의 경영활동

회계는 기업이 행하는 경영활동들 중의 하나에 해당한다. 따라서 회계가 무엇인지 이해하려면 이에 앞서 기업의 경영활동 전반에 대해서 살펴볼 필요가 있다. 기업이란 각종 재화나 용역을 생산하여 판매함으로써 영리를 추구하는 실체이며, 따라서 재화나 용역을 생산하여 판매하기까지 어떤 절차나 활동이 있을 것인가를 생각하면 기업의 경영활동에 대하여 자연스럽게 이해할 수 있다.

1. 재무관리

기업이 경영활동을 시작하거나 경영활동을 지속적으로 유지하려면 우선 자금이 있어야 한다. 사무실이나 공장을 마련하려고 해도 자금이 필요하고 원재료나 상품을 구입하거나 임직원에게 임금을 지급하려고 해도 자금이 필요하다. 이렇게 필요한 자금은 기업주가 주주로서 출자함으로써 마련할 수도 있고 은행 등에서 차입함으로써 마련할 수도 있다. 재무관리에서는 경영활동에 필요한 자금을 가장 유리한 조건으로 조달함과 아울러 이처럼 조달한 자금을 가장 수익성이 높은 곳에 투자함으로써 기업의 가치를 극대화하는 데 필요한 분석작업을 수행한다.

2. 인사관리

기업의 경영활동은 궁극적으로 사람에 의하여 행해지며 따라서 기업의 경영활동을 효율적으로 수행할 유능한 사람들을 선발하고 이들이 최선을 다하여 맡은 바 업무를 수행하도록 할 필요가 있는데 이러한 일련의 활동이 인사관리이다. 좀 더 구체적으로 설명하면 인사관리에서는 사람을 선발하고 이들을 교육 · 훈련시킴과 아울러 이들을 현업에 배치하고 그 업무성과를 평가한다. 그리고 이와 같은 업무성과에 대한 평가결과에 따라 임금이나 승진에 반영시키거나 다른 부서로 재배치하는 등의 활동까지 수행하게 된다.

3. 생산관리

기업이 투자수익을 회수하려면 구체적인 제품 아이템을 가지고 이를 생산하여 판매하여야 한다. 이를 위해서는 먼저 공장과 생산설비를 갖추고 원재료를 구입하여 이를 가공해서 제품을 만들게 되는데, 이러한 일련의 과정과 관련된 활동이 생산관리이다. 좀 더 구체적으로 설명하면 어느 곳에 공장을 설립할 것인가, 어떤 설비를 도입하고 이를 어떻게 배치할 것인가 등의 문제부터 작업공정관리, 원재료 · 재공품 · 제품의 재고관리, 그리고 품질관리 등의 활동을 수행한다.

4. 마케팅관리

기업은 제품이나 서비스를 판매함으로써 궁극적으로 수익을 올린다. 이때에 어떤 제품이나 서비스를 취급할 것인가, 얼마의 가격으로 판매할 것인가, 어떤 판매망을 이용할 것인가, 그리고 어떤 방식으로 판매촉진을 할 것인가를 결정해야 하는데 이러한 일련의 과정과 관련된 활동이 마케팅관리이다. 마케팅관리에서 다루는 이러한 활동들은 흔히 4P(product, price, place, promotion)로 요약된다. product는 제품화 단계에서부터 소비자의 욕구를 반영하여야 한다는 것이고, price는 제품의 판매가격을 합리적으로 설정하는 문제를 다룬다. 그리고 place는 제품의 유통경로를 합리적으로 수립하는 것이고, promotion은 광고 등과 같은 판매촉진 방안을 다룬다.

5. 회계

앞에서 설명한 기업의 경영활동들은 거의 대부분 화폐적 거래를 수반한다. 회계는 기업의 경영활동을 화폐단위로 측정하고 기록하는 작업을 수행하며 이를 통하여 기업의 이해관계자들이 각종 의사결정을 함에 있어서 유용하게 쓰이는 회계자료를 산출한다. 예를 들어 일정한 기간 동안 얼마를 벌어들였고 이를 위하여 얼마를 썼는지, 그래서 그 결과 이익이나 손실이 얼마인지를 파악해서 이를 손익계산서라는 보고서로 나타낸다. 그리고 일정한 시점 현재 기업의 재무상태는 어떠한지를 파악해서 이를 재무상태표라는 보고서로 나타낸다. 한편 이러한 손익계산서나 재무상태표 등과 같은 보고서를 재무제표라고 칭하며, 재무제표를 통해서 기업의 이해관계자들은 자신의 경제적 의사결정에 유용한 회계자료를 제공받는다.

제2절 회계와 재무관리

1. 경영활동별 담당부서

앞에서 설명한 바와 같이 기업의 경영활동은 재무관리, 인사관리, 생산관리, 마케팅관리 및 회계라는 5개 분야로 구분하는 것이 일반적이며, 그 결과 기업의 조직도 이에 상응해서 구분되어 있음이 보통이다. 구체적으로 말하여 재무관리 기능은 자금부(또는 재경부)에서 담당하고 인사관리 기능은 인사부(또는 총무부)에서 담당한다. 그리고 생산관리 기능은 생산부에서 담당하고 마케팅관리 기능은 영업부(또는 마케팅부)에서 담당하며, 회계기능은 경리부(또는 회계부)에서 담당한다.

2. 회계와 재무관리의 관계

앞에서 설명한 경영활동의 5개 분야 중에서 회계와 재무관리는 다른 분야보다 상호 밀접한 관계에 있다. 왜냐하면 회계담당자는 기업에서 발생하는 모든 경제적 활동을 화폐단위로 측정하고 기록함으로써 회계자료를 작성하고, 재무관리 담당자는 이렇게 작성된 회계자료를 이용함으로써 자금을 조달하거나 조달한 자금의 투자에 필요한 분석업무를 수행하기 때문이다. 이에 따라 대기업에서는 회계부서와 재무관리부서가 별도로 구분되어 있음이 일반적인데 비해서 중소기업의 경우에는 회계부서와 재무관리부서가 통합되어 있는 사례도 많다.

3. 경리와 자금관리

실무적으로 '회계'라는 용어 대신 '경리'라는 용어가 쓰이거나 '재무관리'라는 용어 대신 '자금관리'라는 용어가 쓰이는 경우가 있다. 회사의 조직도상 부서의 명칭을 보면 이런 현상을 쉽게 볼 수 있다. 그러나 경리라 함은 회계의 여러 가지 기능들 중에서 장부기록 측면의 기능을 일컫는 말이고, 자금관리라 함은 재무관리의 여러 가지 기능들 중에서 자금의 유지보관 측면의 기능을 일컫는 말이다. 요컨대 경리와 자금관리란 각각 회계와 재무관리의 일부 기능만을 일컫는 용어라고 이해하면 될 것이다.

경영활동의 분야	주요활동	담당부서
재무관리	자금조달과 운용, 재무자료의 분석, 투자계획의 수립과 결정 등	자금부 또는 재경부
인사관리	직원채용 · 교육 · 훈련, 인사고과, 조직관리 등	인사부 또는 총무부
생산관리	공장입지결정, 설비배치, 공정관리, 품질경영, 재고관리 등	생산부 또는 자재부
마케팅관리	제품계획, 가격결정, 유통경로, 광고 및 판매촉진 등	영업부 또는 마케팅부
회계	회계자료의 산출, 원가분석, 재무제표의 작성 등	경리부 또는 회계부

〈표1.1〉 경영활동의 분야별 주요내용 및 담당부서

4. 본서의 특징

위에서 설명한 바와 같이 회계와 재무관리는 상호간에 매우 밀접한 관계에 있음에도 불구하고 이러한 두 분야의 기초적 내용을 연계하여 다룬 교재는 그다지 없는 것으로 생각된다. 기존의 교재들은 대부분 이러한 두 분야를 각각 개별적으로 다루고 있으며 그 결과 두 분야의 기초적 내용을 상호 연계하여 이해하기가 용이하지 못한 측면이 있다. 한편 기업의 경영활동과 관련하여 직면하는 세무상황을 파악하려면 기업의 회계자료에 대한 이해에 상당부분 의존하며, 기업의 재무관리는 조세부담과 밀접하게 관련되는 경우가 상당하다.[1)]

이러한 점을 감안하여 본서는 회계를 이해하는 데 필요한 기초적인 개념부터 시작하여 단계별로 내용을 진전시킴으로써 기업의 경영활동과 관련한 세무와 재무관리의 중요한 개념과 기법까지 설명하도록 하였다. 구체적으로 제1부에서는 회계의 기초개념과 재무회계를 다루고, 제2부에서는 원가회계와 관리회계를 다루며, 제3부에서는 기업의 세무를 다룬다. 그리고 제4부와 제5부 및 제6부에서는 각각 재무분석과 자금관리 및 자본예산을 다룬다. 이와 같은 본서의 구성체계는 각 내용의 상호 연계성을 고려하면서 전체적인 윤곽을 잡을 수 있도록 하기 위한 것이며, 이로써 기업의 회계와 세무 및 재무관리 분야를 함께 이해하는 데 도움이 될 것으로 생각된다.

---

1) 예를 들어 기업이 부담하는 법인세의 과세표준을 계산하거나 부가가치세 납부세액을 계산함에 있어서는 기업이 작성한 회계자료에 상당부분 의존한다. 그리고 기업이 부채조달 의사결정을 함에 있어서는 이자비용의 손금산입으로 인한 조세절감이 일차적인 고려사항이 되며, 설비투자의사결정을 내림에 있어서는 설비투자에 대하여 투자세액공제와 같은 조세혜택이 부여되는지 여부가 상당한 영향을 미치게 된다.

제2장 회계의 개념 및 분류

제1절 회계의 개념

1. 회계의 목적 및 정의

기업을 둘러싸고 있는 이해관계자들은 주주, 경영자, 채권자, 은행, 신용평가기관, 소비자, 정부, 노동조합 등 매우 다양하다. 이와 같은 이해관계자들은 모두 기업과 관련하여 계속적으로 경제적 의사결정을 하게 되는데, 회계(accounting)는 이러한 이해관계자들이 행하는 각종 경제적 의사결정에 도움이 될 수 있는 재무정보를 제공함을 목적으로 한다. 다시 말하여 회계란 기업의 경영활동에서 발생하는 모든 거래를 화폐단위로 측정 · 기록하고 이를 토대로 하여 기업에 관한 재무정보를 작성하여 기업의 이해관계자들에게 제공하는 일련의 과정(process)이라고 정의할 수 있다.

2. 경영활동의 구분

회계는 기업의 경영활동 중에서 화폐단위로 측정할 수 있는 것을 대상으로 한다. 따라서 화폐단위로 측정이 되지 아니하는 경영활동(예컨대 계약의 체결과 기술개발의 성공 등)은 그 자체로 회계의 대상이 되지는 않으며, 이로 인하여 화폐단위로 측정이 가능한 결과가 발생한 경우에 비로소 회계의 대상이 된다. 회계의 대상이 되는 경영활동은 다음과 같이 영업활동과 투자활동 및 재무활동이라는 세 가지의 범주로 구분된다.

(1) 영업활동

영업활동이란 기업이 일상적으로 수행할 것으로서 설정한 본연의 활동을 말한다. 예를 들어 제과회사의 경우에는 밀가루나 설탕과 같은 원재료를 구입하고 이를 가공해서 빵이나 과자와 같은 제품을 생산하며 이러한 제품을 소비자에게 판매하는 활동이 영업활동이 된다.

(2) 투자활동

투자활동이란 토지나 건물을 매입하거나 새로운 생산설비를 도입하는 것처럼 금액적 규모가 비교적 크면서 향후의 기업성과에 장기적으로 영향을 주게 되는 활동을 말한다. 또한 기업간에 합병을 하거나 장기적인 투자수익을 얻을 목적으로 유가증권을 매입하는 것도 투자활동에 속한다. 대체로 투자활동은 기업의 생존에 영향을 줄 수도 있으며 따라서 이에 대하여는 신중한 의사결정이 요구된다.

(3) 재무활동

재무활동이란 앞서 설명한 영업활동과 투자활동을 수행하는 과정에서 필요한 자금을 조달하거나 남는 여유자금을 운용하는 활동을 말한다. 예컨대 은행으로부터 차입금을 조달하거나 증권시장에서 주식을 발행함으로써 부족한 자금을 보충하는 것과 여유자금을 차입금 상환에 사용하거나 일시적으로 예금하는 것 등이 재무활동에 속한다.

3. 회계의 과정

앞에서 회계란 기업의 경영활동에서 발생하는 거래를 화폐단위로 측정 · 기록하고 이를 토대로 하여 기업에 관한 재무정보를 작성하여 기업의 이해관계자들에게 제공하는 일련의 과정(process)이라고 정의하였다. 이러한 회계의 과정은 다음과 같이 크게 거래기록절차와 결산절차로 양분할 수 있다.[2)]

(1) 거래기록절차

거래기록절차란 기업의 경영활동에서 발생한 거래를 화폐단위로 측정하고 이를 기록하는 것을 말한다. 보다 구체적으로 말하여 거래가 발생할 때마다 이에 대하여 분개하고(분개장이라는 장부에 기록하는 행위를 말함), 전기하는(분개한 내용을 원장이라는 장부에 옮겨 기록하는 행위를 말함) 업무를 말한다. 이러한 거래기록절차는 연중 내내 거래가 발생할 때마다 수시로 행해진다.

(2) 결산절차

결산절차란 연중 수시로 기록된 회계자료를 토대로 하여 일정한 주기마다 재무제표를 작성하고 이를 이해관계자에게 보고하는 것을 말한다. 대부분의 기업에서 경리부 직원들은 매년말에 결산작업으로 야근하는 경우가 있게 마련인데 이것이 바로 결산절차라고 생각하면 된다. 한편 최근에는 회계업무가 대부분 전산화되었기 때문에 종전과는 달리 결산절차를 반기(6개월)별, 분기(3개월)별, 또는 월별로 수행하는 경우가 많아졌다.

---

2) 회계의 과정은 흔히 회계순환과정이라고 일컬어진다. 이러한 회계순환과정에 관한 상세한 내용은 제4장에서 설명하기로 한다.

제2절 회계의 분류

1. 재무회계와 관리회계

기업에 관한 재무정보를 이용하는 주체의 유형에 따라 회계는 다음과 같이 크게 재무회계(financial accounting)와 관리회계(managerial accounting)로 구분된다.

(1) 재무회계

재무회계는 기업외부의 정보이용자에게 기업의 재무상태와 경영성과에 관한 정보를 제공하는 것을 주된 목적으로 한다. 여기서 기업외부의 정보이용자에는 주주와 채권자를 비롯한 투자자는 물론이고 은행, 신용평가기관, 소비자, 정부, 거래처 등도 포함된다. 재무회계에서 만들어지는 정보는 기업외부의 여러 불특정 이해관계자가 이용하게 되므로 충분히 객관적이고 기업간에 비교가 가능하여야 한다. 이에 따라 재무회계 정보는 사전에 정해진 회계원칙(Accounting Principles)에 따라 작성하고 일정한 회계보고서 양식에 담아서 제공되어야 하며, 여기서의 회계원칙과 회계보고서 양식을 각각 기업회계기준과 재무제표(F/S: Financial Statements)라고 칭한다.

(2) 관리회계

관리회계는 기업내부의 정보이용자에 해당하는 경영자가 경영의사결정을 내림에 있어서 필요한 정보를 제공하는 것을 주된 목적으로 한다. 경영자는 기업경영에 관한 관리적 혹은 전략적 의사결정을 내리거나 기업 임직원들의 업적을 평가함에 있어서 관리회계에서 제공하는 정보를 활용하게 된다. 이처럼 관리회계는 경영자가 직면한 특정한 의사결정문제에 적합한 정보를 제공함을 목적으로 하기 때문에, 관리회계 정보의 제공은 사전에 정해진 회계원칙이나 회계보고서 양식에 구애받지 않는다.

	재무회계	관리회계
목적	기업외부 정보이용자의 경제적 의사결정에 필요한 정보의 제공	경영자의 경영의사결정에 필요한 정보의 제공
정보의 질적 특성	객관성 및 비교가능성	목적적합성
준거기준	기업회계기준	정해진 준거기준 없음
보고서 양식	재무제표	정해진 보고서 양식 없음
보고시기	정기적(결산기말)	비정기적(필요할 때마다 수시로)

〈표 2.1〉 재무회계와 관리회계

2. 원가회계와 세무회계

(1) 원가회계

기업이 수익성을 제대로 평가하고 관리하려면 제품을 생산하거나 서비스를 창출하는 데 발생한 원가를 집계하고 분류 · 배부함으로써 제품이나 서비스의 단위당 원가를 산출할 필요가 있는데 이를 원가계산이라고 한다. 원가회계라 함은 이와 같은 원가계산의 기능뿐만 아니라 원가의 흐름을 파악함으로써 경영자의 관리적 의사결정에 필요한 기초자료를 제공하는 것까지 포함한다. 이렇게 볼 때 원가회계는 재무회계와 관리회계의 양 분야에 걸쳐있는 것이라고 할 수 있다.

(2) 세무회계

세무회계는 손익계산서상의 당기순이익에 세무조정 항목을 가감함으로써 법인세과세표준을 구하고 이로부터 법인세 납부세액을 산출하는 것을 주된 과제로 하며, 이렇게 볼 때 세무회계는 재무회계의 연장이라고 할 수 있다. 여기서 세무조정 항목이란 세법의 규정에 따라서 손익계산서상의 당기순이익에 가산함으로써 법인세과세표준을 늘리는 조정항목(익금산입, 손금불산입)과 당기순이익에서 차감함으로써 법인세과세표준을 줄이는 조정항목(익금불산입, 손금산입)으로 양분할 수 있다. 이러한 세무조정과정을 거쳐서 법인세과세표준이 산출되면 여기에 법인세율을 곱해서 법인세액산출세액이 계산되며, 이러한 과정을 간략히 나타내면 다음과 같다.

당기순이익
\+ 가산조정항목 (익금산입, 손금불산입)
− 차감조정항목 (익금불산입, 손금산입)
= 법인세과세표준
× 법인세율(%)
= 법인세산출세액

〈그림 2.1〉 세무회계의 주요내용

제3장 재무제표와 회계기준

제1절 재무제표의 의의

1. 재무제표의 의의

재무제표(F/S: Financial Statements)란 회계장부에 담겨 있는 기업의 재무상태와 경영성과 및 재무상태의 변동에 대한 정보를 일정한 양식에 따라 요약하여 기업외부의 정보이용자들에게 제시하기 위한 몇 가지의 회계보고서들을 의미하며, 가장 대표적인 재무제표로서 재무상태표와 손익계산서를 들 수 있다. 기업외부의 정보이용자들은 이러한 재무제표를 통해서 기업의 경제적 실체를 파악함으로써 각자가 직면한 경제적 의사결정에 도움을 받을 수 있다.

2. 우리나라의 기본 재무제표

우리나라의 기본 재무재표로는 재무상태표, 손익계산서, 현금흐름표 및 자본변동표 등이 있는 바 이들 각각이 담고 있는 내용을 간략히 설명하면 다음과 같다.

① 재무상태표 : 결산일(회계기말) 현재 기업의 재무상태
② 손익계산서 : 일정한 회계기간(1년, 반기, 분기, 매월 등) 동안의 기업의 경영성과

③ 현금흐름표 : 일정한 회계기간(1년, 반기, 분기, 매월 등) 동안의 기업의 현금유입과 현금유출 내역

④ 자본변동표 : 일정한 회계기간(1년, 반기, 분기, 매월 등) 동안의 기업의 소유주지분(자본)의 변동내역

제2절 재무상태표

1. 재무상태표의 개념 및 구조

재무상태표(Statement of Financial Position)란 일정시점(결산일)에서의 기업의 재무상태를 일목요연하게 요약하여 표시하는 회계보고서를 말한다. 여기서 일정시점(결산일)이란 회계기간의 말일을 의미하고, 재무상태란 결산일 현재 기업이 보유하고 있는 자산과 이러한 자산에 대한 청구권인 부채 및 자본의 구성내역을 의미한다. 이때 자산은 왼쪽에 기록하고 부채 및 자본은 오른쪽에 기록하며, 여기서 왼쪽을 차변이라 하고 오른쪽을 대변이라고 한다. 한편 우리나라 기업들의 회계기간은 1월 1일부터 12월 31일까지인 경우가 많으며, 그 결과 결산일이 12월 31일인 재무상태표를 자주 보게 된다. 이상에서 설명한 재무상태표의 구조를 간단히 제시하면 다음과 같다.

재무상태표
(xx년 12월 31일 현재)

차변(자금의 운용상태)	대변(자금의 조달원천)
자산	부채
	자본

〈그림 3.1〉 재무상태표의 구조

2. 자산, 부채 및 자본의 의미

(1) 자산

자산(assets)이란 기업이 소유하거나 통제하고 있는 재산적 가치가 있는 모든 재화와 권리를 말한다. 기업이 경영활동을 하기 위해서 보유하고 있는 것들은 대부분 자산에 해당하며, 대표적인 자산으로는 현금과 예금, 매출채권, 제품, 토지, 건물, 기계장치 등을 들 수 있다.

(2) 부채

부채(liabilities)란 기업이 자산의 취득을 비롯한 경영활동을 수행하는 과정에서 부담하게 된 채무를 말한다. 예를 들어서 상품이나 원재료를 외상으로 구입하고 부담하게 되는 매입채무나 은행으로부터 자금을 차입한 결과 나중에 갚아야 할 차입금 등이 대표적인 부채에 해당한다.

(3) 자본

자본(capital)이란 기업이 경영활동을 수행할 수 있도록 주주가 출자한 자금과 기업이 경영활동의 결과로 벌어들인 이익 중에서 주주에게 배당하지 않음으로써 기업 내부에 남아있는 금액을 합한 것을 말한다. 산술적 관점에서 자본은 자산에서 부채를 차감한 금액과 같으며 따라서 자본을 순자산이라고도 부른다.

3. 재무상태표 회계등식

부채는 기업의 자산에 대하여 채권자가 보유하고 있는 청구권을 나타내고 자본은 기업의 자산에 대하여 주주가 보유하고 있는 청구권을 나타낸다. 그 결과 기업의 자산총계는 부채 및 자본의 총계와 일치한다. 다시 말하여 재무상태표상의 차변금액의 합계와 대변금액의 합계는 항상 일치함으로써 다음의 관계식이 성립한다.

자산 = 부채 + 자본

위의 관계식을 재무상태표 회계등식이라고 하며 이는 회계처리의 기본원리가 된다. 이러한 재무상태표 회계등식의 틀에 입각하여 자산의 증가(+)는 왼쪽인 차변에 기록하고 부채나 자본의 증가(+)는 오른쪽인 대변에 기록한다. 그리고 이와는 반대로 자산의 감소(-)는 오른쪽인 대변에 기록하고 부채나 자본의 감소(-)는 왼쪽인 차변에 기록한다.

4. 재무상태표의 작성양식과 주요 구성항목

(1) 재무상태표의 작성양식

재무상태표의 작성양식은 계정식과 보고식의 두 가지가 있다. 계정식은 재무상태표를 차변과 대변의 두 부분으로 구분하여 차변에는 자산항목을 배열하고 대변에는 부채와 자본항목을 배열하는 방식이다. 보고식은 자산항목, 부채항목 및 자본항목을 위에서 아래로 차례로 배열하는 방식이다. 계정식은 자산은 차변으로 그리고 부채와 자본은 대변으로 구분해서 나타내주기 때문에 이해하기가 용이하며, 신문에 공고되는 재무상태표는 대부분 계정식이다. 보고식은 주로 공인회계사가 보고하는 감사보고서에서 볼 수 있다. 계정식 재무상태표의 작성양식을 간략히 예시하면 다음과 같다.

재무상태표

제×기 20××년 ×월 ×일 현재
×××(주) 제×기 20××년 ×월 ×일 현재

과목	당기	전기	과목	당기	전기
〈자산〉			〈부채〉		
유동자산:			유동부채		
당좌자산			비유동부채		
재고자산			부채총계		
비유동자산:			〈자본〉		
투자자산			자본금		
유형자산			자본잉여금		
무형자산			이익잉여금		
			자본총계		
자산총계			부채와자본총계		

〈표 3.1〉 재무상태표의 예시

(2) 재무상태표의 주요 구성항목

재무상태표의 구성항목은 크게 자산과 부채 및 자본으로 구분된다. 그리고 자산은 유동자산과 비유동자산으로 구분되고, 부채는 유동부채와 비유동부채로 구분되며, 자본은 자본금과 자본잉여금 및 이익잉여금으로 구분된다. 유동자산과 비유동자산을 구분하거나 유동부채와 비유동부채를 구분하는 기준은 대개 1년 또는 정상영업주기를 적용하며,[3)] 자산과 부채를 재무상태표에 배열함에 있어서는 유동항목을 먼저 배열하고 비유동항목을 그 다음에 배열함이 보통이다.

① 유동자산

유동자산은 1년 또는 정상영업주기 이내에 그다지 큰 거래비용이 없이 현금화가 가능한 자산으로서 이는 다시 당좌자산과 재고자산으로 구분된다. 당좌자산은 특히 현금화 속도가 빠른 항목들로서 이에는 현금, 단기금융상품, 유가증권, 매출채권, 단기대여금 등이 포함된다. 재고자산은 정상적인 영업활동에서 판매과정을 거침으로써 비로소 현금화되는 항목들로서 이에는 상품, 제품, 재공품, 원재료 등이 포함된다.

② 비유동자산

비유동자산은 1년 또는 정상영업주기 이상의 기간 동안 영업수익을 창출하는데 사용되거나 투자수익을 얻을 목적으로 보유하는 자산으로서 이는 다시 유형자산, 무형자산 및 투자자산으로 구분된다. 유형자산에는 토지, 건물, 기계장치, 차량운반구 등이 포함되며, 무형자산에는 영

3) 정상영업주기란 영업활동을 위한 자산의 취득으로부터 시작하여 당해 자산이 현금으로 전환되기까지 소요되는 기간을 말한다. 정상영업주기가 명확하지 않은 경우에는 1년인 것으로 가정한다.

업권, 산업재산권, 특허권, 개발비 등이 포함된다. 그리고 투자자산에는 장기금융상품, 투자유가증권, 투자부동산 등이 포함된다.

③ 유동부채

유동부채는 1년 또는 정상영업주기 이내에 현금으로 결제하여야 하는 채무를 의미하며 이에는 매입채무, 단기차입금, 미지급금, 미지급비용, 선수금 등이 포함된다.

④ 비유동부채

비유동부채는 1년 또는 정상영업주기 이상의 기간이 지난 이후에 현금으로 결제하여야 하는 채무로서 이에는 사채, 장기차입금, 장기성 매입채무 등이 포함된다. 한편 비유동부채이던 채무의 현금결제 시기가 1년 또는 정상영업주기 이내로 도래한 경우에는 유동부채로 재분류한다.

⑤ 자본

자본은 자본금과 자본잉여금 및 이익잉여금 등으로 구분된다. 자본금은 회사가 발행한 보통주 및 우선주의 액면가액을 말한다. 자본잉여금은 자본거래로부터 발생한 잉여금을 의미하며 이에는 주식발행초과금(보통주 및 우선주의 발행가액이 액면가액을 초과한 금액)과 감자차익 등이 포함된다. 이익잉여금은 손익거래로부터 발생한 잉여금을 의미하며, 이는 다시 법정적립금과 임의적립금 및 미처분이익잉여금으로 구분된다.

제3절 손익계산서

1. 손익계산서의 개념 및 구조

손익계산서(I/S: Income Statement)란 일정한 회계기간 동안 발생한 수익과 비용을 비교함으로써 당해 회계기간의 경영성과(이익 또는 손실)를 일목요연하게 요약하여 표시하는 회계보고서를 말한다. 우리나라 기업들의 회계기간은 1월 1일부터 12월 31일까지인 경우가 많으며, 그 결과 회계기간이 1월 1일부터 12월 31일까지인 손익계산서를 자주 보게 된다. 이상에서 설명한 손익계산서의 구조를 간단히 제시하면 다음과 같다.

손익계산서

(xx년 1월 1일부터 xx년 12월 31일까지)

수 익
(–) 비 용
= 이익 또는 손실

<그림 3.2> 손익계산서의 구조

2. 수익, 비용 및 이익(손실)의 의미

(1) 수익

수익(revenue)이란 기업이 타인에게 재화나 용역을 제공함으로써 얻은 경제적 효익을 의미하는 것으로서, 현금의 수입(cash receipt)과는 다른 개념이다. 간단한 예를 들면 상품을 외상으로 매출한 경우 비록 당장 현금의 수입은 없더라도 향후 매출대금을 수취한다는 경제적 효익을 이미 얻은 것이며 따라서 수익이 발생한 것이다. 요컨대 수익은 현금을 수입한 시점과는 상관이 없이 경제적 효익이 발생한 시점을 기준으로 측정한다고 보면 된다. 한편 수익이 발생하면 이로 인하여 자산이 증가하거나 또는 부채가 감소함으로써 결과적으로 자본의 증가를 가져오기 때문에 수익의 발생은 오른쪽인 대변에 기록한다.

(2) 비용

비용(expense)이란 수익을 얻기 위해 유출되거나 희생된 경제적 효익을 의미하는 것으로서, 현금의 지출(cash expenditure)과는 다른 개념이다. 간단한 예를 들면 이번 달에 발생한 전기료를 아직까지 납부하지 않았다면 비록 당장 현금의 지출은 없더라도 향후 전기료를 지불해야 하며 따라서 비용이 발생한 것이다. 요컨대 비용은 현금을 지출한 시점과는 상관이 없이 경제적 효익의 희생이 발생한 시점을 기준으로 측정한다고 보면 된다. 한편 비용이 발생하면 이로 인하여 자산이 감소하거나 또는 부채가 증가함으로써 결과적으로 자본의 감소를 가져오기 때문에 비용의 발생은 왼쪽인 차변에 기록한다.

(3) 이익 또는 손실

수익과 비용을 비교한 결과 수익이 비용을 초과하면 당해 초과금액은 이익(profit)이 되고, 반대로 비용이 수익을 초과하면 당해 초과금액은 손실(loss)이 된다. 그리고 이익이 발생한 경우에는 결과적으로 자본이 증가하게 되고 손실이 발생한 경우에는 결과적으로 자본이 감소하게 된다.

3. 손익계산서 회계등식

앞서 설명한 바와 같이 이익은 수익이 비용을 초과한 금액이고 손실은 비용이 수익을 초과한 금액이다. 따라서 이익이 발생한 경우 비용과 이익의 합계액은 수익과 일치하고 손실이 발생한 경우 수익과 손실의 합계액은 비용과 일치하며, 그 결과 손익계산서와 관련하여서도 다음과 같은 회계등식이 성립한다. 이러한 손익계산서의 회계등식은 앞서 설명한 바 있는 재무상태표 회계등식과 함께 회계처리의 기본원리를 이룬다.

비용 + 이익 = 수익

비용 = 수익 + 손실

4. 손익계산서의 작성양식과 주요 구성항목

(1) 손익계산서의 작성양식

재무상태표의 작성양식과 마찬가지로 손익계산서의 작성양식도 계정식과 보고식의 두 가지가 가능하나 기업회계기준에서는 보고식만을 인정하고 있다. 상법상 재무제표의 공고의무는 재무상태표의 경우에만 해당하기 때문에 신문지상에서는 손익계산서를 보기가 어렵다. 하지만 금융감독원의 전자공시시스템을 이용하면 분석대상기업의 손익계산서를 볼 수 있다. 보고식 손익계산서 작성양식을 간략히 예시하면 다음과 같다.

손익계산서

×××(주)	제×기 20××년 ×월 ×일부터 20××년 ×월 ××일 까지 제×기 20××년 ×월 ×일부터 20××년 ×월 ××일 까지

과목	당기	전기
매출액		
매출원가		
매출총이익		
판매비와 관리비		
영업이익		
영업외수익		
영업외비용		
법인세비용차감전순이익		
법인세비용		
당기순이익		

<표 3.2> 손익계산서의 예시

(2) 손익계산서의 주요 구성항목

손익계산서의 구성항목은 크게 수익과 비용으로 구분되며, 모든 수익과 비용은 그것이 발생한 기간에 회계처리되어야 한다. 또한 수익과 비용은 발생한 원인에 따라 성격을 구분함과 아울러 관련된 항목끼리 서로 대응시킴으로써 결과적으로 몇 가지 단계별로 손익을 구분하여 손익계산서에 제시하는 것이 일반적이다. 구체적으로 말하여 손익계산서에는 매출총이익, 영업이익, 법인세비용차감전 순이익, 당기순이익을 구분하여 나타내는 것이 일반적이다.

① 매출총이익

매출총이익이란 매출활동과 직접적으로 관련된 이익을 말하는 것으로서 매출액에서 매출원가를 차감하여 산출한다. 여기서 매출액이란 기업이 타인에게 판매한 상품과 제품 및 용역의 금액을 말하며, 매출원가란 판매한 상품과 제품 및 용역의 매입원가 혹은 제조원가를 말한다. 자동차 제조회사를 예로 들면 매출액은 자동차를 판매한 금액을 말하고, 매출원가는 판매한 자동차를 제조하는 데 투입된 원가를 의미한다.

매출 – 매출원가 = 매출총이익

② 영업이익

영업이익은 매출총이익에서 판매비와 관리비를 차감하여 산출한다. 구체적으로 말하여 매출총이익에서 광고선전비와 같은 판매부대비용과 관리직 임직원의 급여와 같은 회사관리비를 차감한 것이 영업이익이며, 이는 기업이 본연의 영업활동을 수행함으로써 벌어들인 이익이다. 자동차 제조회사를 예로 들면 정상적으로 자동차를 제조하여 판매함으로써 실질적으로 벌어들인 이익이 영업이익이 되는 것이다.

매출총이익 – 판매비와 관리비 = 영업이익

③ 법인세비용차감전 순이익

법인세비용차감전 순이익은 영업이익에 영업외수익을 가산하고 영업외비용을 차감하여 산출한다. 영업외수익이란 주된 영업활동 이외의 부수적 활동으로 발생한 수익과 비정상적인 사건으로 발생한 수익을 말하며, 영업외비용이란 주된 영업활동 이외의 부수적 활동으로 발생한 비용과 비정상적인 사건으로 발생한 비용을 말한다. 자동차 제조회사를 예로 들면 일시적 여유자금을 은행에 예금함으로써 이자수익이 발생하거나 이와 반대로 은행차입금에 대한 이자비용이 발생할 수 있는데, 이들 항목은 자동차제조회사 본연의 영업활동으로부터 발생한 것이 아니며 따라서 영업외수익 또는 영업외비용에 해당한다. 법인세비용차감전 순이익은 말 그대로 법인세를 차감하기 직전의 순이익을 의미하며 이에 기초하여 기업이 납부할 법인세를 계산하게 된다.

영업이익 + 영업외수익 − 영업외비용 = 법인세비용차감전 순이익

④ 당기순이익

당기순이익은 법인세비용차감전 순이익에서 법인세비용을 차감하여 산출한다. 여기서 법인세비용이란 기업이 납부하는 법인세등의 금액 중에서 당해 회계기간의 이익에 대응하는 금액을 의미하며, 법인세등이란 법인세 및 이에 부가되는 관련세금을 포함한 것이다.

법인세비용차감전 순이익 − 법인세비용 = 당기순이익

⑤ 주당순이익

주당순이익(EPS: earnings per share)이란 보통주 1주당 귀속되는 당기순이익을 의미하는 것으로서, 보통주와 함께 우선주도 발행한 회사의 경우에도 우선주는 무시하고 보통주 1주당 귀속되는 이익만을 고려한다. 요컨대 주당순이익은 다음의 산식과 같이 계산하며, 이는 기업의 성과나 가치를 평가하는 등의 각종 분석에서 흔히 이용되는 개념이므로 잘 알아둘 필요가 있다.

$$주당순이익 = \frac{당기순이익-우선주배당금}{보통주식수}$$

제4절 회계기준

1. 회계기준의 의의 및 목적

회계기준이란 기업들이 회계처리를 하거나 재무제표를 작성하는데 있어서 준거하도록 하기 위하여 마련된 통일된 지침을 말한다. 이러한 회계기준은 회계정보의 제공자와 이용자 모두로부터 일반적으로 수용됨과 아울러 다수의 권위 있는 지지를 받아야 비로소 회계실무의 지침으로서 작동하게 되는 것이며, 이러한 점 때문에 회계기준을 흔히 '일반적으로 인정된 회계원칙(GAAP: Generally Accepted Accounting Principles)'이라고 부른다. 회계기준은 회계정보의 기업간 비교가능성과 기간간 비교가능성을 증진시킴을 주요 목적으로 한다.

(1) 기업간 비교가능성

회계기준은 다수의 합의와 지지를 바탕으로 마련된 것으로서 기업들은 이러한 회계기준에 따라 회계처리를 하고 재무제표를 작성하게 되며, 그 결과 상이한 기업들의 회계정보가 상호 비교가능하게 된다.

(2) 기간간 비교가능성

어떤 회계적 사건에 대하여 선택이 가능한 몇 가지의 회계처리방법이 회계기준에 제시되어 있는 상황에서 기업이 이 중에서 한 가지의 회계처리방법을 선택하였다면, 부득이한 사유가 있는 경우를 제외하고는 향후 기업이 임의로 회계처리방법을 변경할 수 없도록 되어 있으며 그 결과 특정 기업의 상이한 회계기간에 대한 회계정보가 상호 비교가능하게 된다.

2. 우리나라의 회계기준

우리나라 최초의 회계기준은 1958년에 재무부 고시로 공포된 「기업회계원칙」이다. 기업회계원칙은 수차례의 개정을 거치다가 1981년에는 이것 이외의 다른 규정들과 통합되면서 그 명칭이 「기업회계기준」으로 변경되었다. 기업회계기준은 이후 지속적으로 개정되면서 우리나라에서의 가장 중요한 회계기준으로서의 역할을 수행해 왔다. 그러다가 1999년에 한국회계연구원이 설립되면서 종전처럼 기업회계기준을 개정하는 대신에 「기업회계기준서」를 발표하기 시작하였다.[4)]

2000년대에 들어서면서 세계 각국은 국제회계기준(IFRS: International Financial Reporting Standards)을 자국의 회계기준으로서 도입하기 시작하였다. 우리나라도 이러한 추세에 부응하여 2007년에 향후 국제회계기준을 전면적으로 도입하기로 결정하고, 2008년부터 IFRS에 기초한 「한국채택국제회계기준(K-IFRS)」을 발행하기 시작하였다. 2011년 회계연도부터 상장기업은 K-IFRS를 따라 회계처리하도록 되어 있으며, 2013년 회계연도부터 공기업 역시 K-IFRS를 따라 회계처리하도록 되어 있다.

한편 한국회계기준원은 2009년 12월에 「일반기업회계기준」을 제정

4) 한국회계연구원은 2006년에 한국회계기준원으로 그 명칭이 변경되었다.

하였다. 일반기업회계기준은 「주식회사의 외부감사에 관한 법률」의 적용대상기업 중 한국채택국제회계기준(K-IFRS)에 따라 회계처리하지 아니하는 기업의 회계와 감사인의 감사에 통일성과 객관성을 부여하기 위하여 종전의 기업회계기준을 수정 · 보완하여 제정한 편람식 회계기준이며 2011년 1월 1일 이후 최초로 개시하는 회계연도부터 적용한다.

제4장 회계순환과정

제1절 회계순환과정의 의의

회계처리절차는 회계기간 중에 발생한 거래에 대하여 이를 회계장부에 기록하는 것으로부터 시작하여 회계장부상의 기록내용을 토대로 하여 회계기간의 말에 재무제표를 작성하는 것으로 마무리된다.[5)] 이러한 회계장부에의 기록업무와 재무제표의 작성업무는 매 회계기간마다 반복적으로 이루어지게 되며 이에 따라 이러한 일련의 과정을 회계순환과정(accounting cycle)이라고 부른다.

회계순환과정은 크게 보아 거래기록절차와 결산절차라는 두 가지로 구성된다. 거래기록절차란 회계기간 중에 거래가 발생할 때마다 이를 회계장부에 기록하는 절차를 말하고, 결산절차란 회계기간의 말에 회계장부상의 기록내용을 집계하여 재무제표를 작성하는 절차를 말한다. 이러한 회계순환과정을 그림으로 요약하여 제시하면 다음과 같다.

---

5) 회계기간이란 기업의 재무상태와 경영성과에 대한 재무제표를 일정한 기간별로 작성하여 보고하기 위하여 사전에 설정한 기간(time interval)을 말한다. 회계기간은 외부 이해관계자들에 대한 회계보고 및 효율적 경영관리 등을 감안하여 1년, 6개월, 3개월 등으로 설정된다.

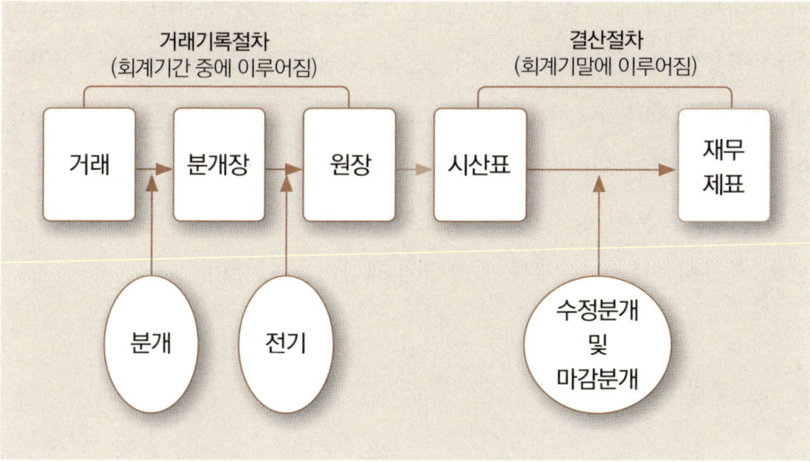

〈그림 4.1〉 회계순환과정

제2절 거래기록절차

1. 거래의 식별

거래기록절차는 거래가 발생했는지 여부를 식별하는 것에서부터 시작한다. 여기서 거래라 함은 화폐적 가치의 변동이 수반되는 경제적 사건(economic events)을 의미한다. 보다 구체적으로 말하여 거래란 자산 · 부채 · 자본의 증가 또는 감소와 수익 · 비용의 발생을 초래하는 경제적 사건을 의미하며, 이러한 거래에 해당하는지 여부를 판단함에 있어서는 주문서, 계약서, 대금청구서, 영수증, 급여명세서, 은행거래내역서 등과 같은 여러 가지 자료가 사용된다.

화재로 인하여 건물이 소실되거나 현금을 도난당한 경우 또는 환율변동으로 인하여 외화환산손실이 발생한 경우 이들은 일상적인 의미에서의 거래에 해당하지 않는다. 그러나 이들로 인하여 자산이 감소함과 아울러 비용이 발생하였으므로 이들은 회계상의 거래에 해당한다. 이와는 반대로 매매계약이나 임대차계약 또는 원재료 공급계약을 체결한 경우 이들은 일상적인 의미에서의 거래에 해당하지만 이들 자체로 인하여 자산 · 부채 · 자본이 증가 또는 감소하거나 수익 · 비용이 발생하지는 않으며 따라서 이들은 회계상의 거래에 해당하지 않는다.

2. 분개 및 전기

(1) 분개

분개(journalizing)란 회계상의 거래가 식별될 때마다 이에 대하여 차변요소와 대변요소를 구분하고 이들 차변요소와 대변요소별로 계정과목과 금액을 기록하는 행위를 말하며 이러한 분개를 기입하는 회계장부를 분개장이라고 한다.[6] 분개는 기업에서 발생한 거래를 회계시스템에 기록하여 편입시키는 최초의 절차이다. 분개의 원칙은 앞서 설명한 바 있는 재무상태표 등식과 손익계산서 등식으로부터 도출되며 이를 구체적으로 제시하면 다음과 같다.

① 자산에 속하는 항목이 증가하면 해당 계정의 차변에 기록하고 감소하면 해당 계정의 대변에 기록한다.

② 부채에 속하는 항목이 증가하면 해당 계정의 대변에 기록하고 감소하면 해당 계정의 차변에 기록한다.

③ 자본에 속하는 항목이 증가하면 해당 계정의 대변에 기록하고 감소하면 해당 계정의 차변에 기록한다.

---

6) 거래의 종류가 다양하고 거래의 발생건수가 많은 기업에서는 일반적으로 분개장 대신에 각각의 분개를 한 장의 종이에 기록하는 분개전표(slips)를 많이 사용한다.

④ 수익이 발생하면 해당 계정의 대변에 기록하고 비용이 발생하면 해당 계정의 차변에 기록한다.

(2) 전기

전기(posting)란 분개장에 기록된 거래내역을 총계정원장 상의 해당 계정에 옮겨 적는 것을 말하며, 이는 거래내역을 계정별로 재정리함으로써 각 계정별 잔액을 용이하게 파악할 수 있도록 하기 위한 목적에서 행해진다. 여기서 총계정원장이란 모든 계정들을 모아놓은 회계장부라고 생각하면 된다. 요즈음은 대개의 기업에서 회계시스템이 전산화되어 있으며, 이처럼 전산화된 회계시스템이 구축된 기업의 경우에는 거래내용에 대한 분개를 입력하면 별도의 과정을 거치지 않고 곧바로 전기가 자동적으로 이루어진다.

3. 거래의 이중성

모든 거래는 자산 · 부채 · 자본의 증감 또는 수익 · 비용의 발생을 초래하는 원인과 이로 인한 결과라는 두 가지 속성을 함께 가지며, 이에 따라 모든 거래에 대한 분개는 반드시 한 개 이상의 차변기입과 이에 대응하는 한 개 이상의 대변기입을 수반하게 된다. 다시 말하여 모든 거래는 차변과 대변에 동일한 금액의 변동을 가져오는데 이와 같은 거래의 특성을 거래의 이중성(duality of transactions)이라고 한다. 이와 같은 거래의 이중성을 그림으로 나타내면 다음과 같다.

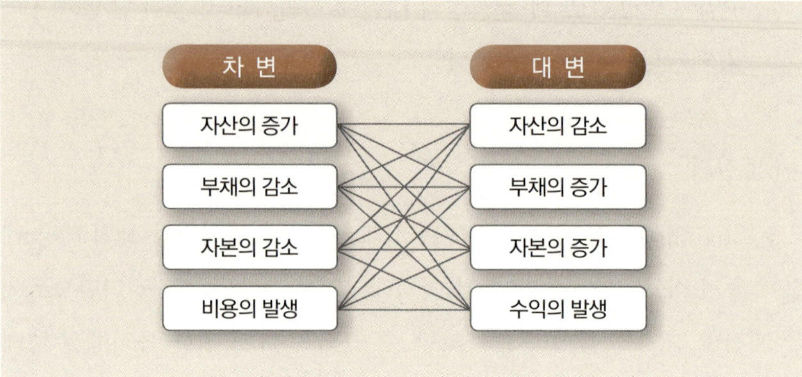

〈그림 4.2〉 거래의 이중성

이처럼 거래의 이중성에 따라 차변과 대변에 동일한 금액을 기록하는 방식을 복식부기(double entry book-keeping)라고 한다. 복식부기 하에서는 차변에 기록된 금액들의 총계와 대변에 기록된 금액들의 총계가 일치하여야 하며, 만약 그렇지 않다면 이는 분개 및 전기과정에서 오류가 있었음을 의미한다. 이에 따라 복식부기는 회계기록상의 오류를 스스로 찾아내는 자기검증기능을 가지며 이러한 기능은 복식부기의 가장 큰 장점으로 꼽힌다.[7)]

4. 기중거래에 대한 분개 및 전기의 사례[8)]

거래 ① (9월 1일) 주주로부터 현금 600,000원을 자본금으로 납입받다.

---

7) 반면에 단식부기에서는 복식부기에서와 같은 자기검증기능이 없으며 따라서 오류가 발생할 가능성이 높다. 단식부기의 대표적 예로서는 주부들이 작성하는 가계부를 들 수 있다.

8) 설명의 편의상 회계기간은 9월 1일부터 9월 30일까지인 것으로 가정한다.

이 거래로 인하여 현금이라는 자산이 600,000원 증가하고 이러한 자산에 대한 주주의 청구권인 자본금이 600,000원 증가하며, 이에 대한 분개 및 전기를 제시하면 다음과 같다.

〈분개〉

(9/1) (차변) 현금 600,000 (대변) 자본금 600,000

〈전기〉

현 금

(9/1)	600,000		

자본금

		(9/1)	600,000

거래 ② (9월 3일) 소모품 80,000원을 구입하고, 구입대금 중 40,000원은 현금으로 지급하고 나머지는 2개월 후에 지급하기로 하다.

이 거래로 인하여 소모품이라는 자산이 80,000원 증가하고 현금이라는 자산이 40,000원 감소함과 아울러 미지급금이라는 부채가 40,000원 증가하며, 이에 대한 분개 및 전기를 제시하면 다음과 같다.

〈분개〉

(9/3) (차변) 소모품 80,000 (대변) 현금 40,000
미지급금 40,000

〈전기〉

현 금

(9/1)	600,000	(9/3)	40,000

소모품

(9/3)	80,000		

미지급금

		(9/3)	40,000

거래 ③ (9월 5일) 은행에서 연 6%의 이자율로 400,000원을 차입하고, 이자는 매월 말에 지급하기로 하다.

이 거래로 인하여 현금이라는 자산이 400,000원 증가하고 차입금이라는 부채가 400,000원 증가하며, 이에 대한 분개 및 전기를 제시하면 다음과 같다.

〈분개〉

(9/5) (차변) 현금 400,000 (대변) 차입금 400,000

〈전기〉

현 금

(9/1)	600,000	(9/3)	40,000
(9/5)	400,000		

차입금

		(9/5)	400,000

거래 ④ (9월 10일) 거래처에 150,000원의 용역을 제공하고 용역대금으로 현금을 받다.

용역수익 150,000원을 제공한 대가로 현금이라는 자산이 150,000원 증가한 거래이며, 이에 대한 분개 및 전기를 제시하면 다음과 같다.

〈분개〉

(9/10) (차변) 현금 150,000 (대변) 용역수익 150,000

〈전기〉

현 금

(9/1)	600,000	(9/3)	40,000
(9/5)	400,000		
(9/10)	150,000		

용역수익

		(9/10)	150,000

거래 ⑤ (9월 15일) 거래처에 250,000원의 용역을 제공하고 용역대금 중 100,000원은 현금으로 받고 나머지는 1개월 후에 받기로 하다.

용역수익 250,000원을 제공한 대가로 현금이라는 자산이 100,000원 증가하고 매출채권이라는 자산이 150,000원 증가한 거래이며, 이에 대한 분개 및 전기를 제시하면 다음과 같다.

〈분개〉

(9/15)	(차변)	현금	100,000	(대변)	용역수익	250,000
		매출채권	150,000			

〈전기〉

현 금

(9/1)	600,000	(9/3)	40,000
(9/5)	400,000		
(9/10)	150,000		
(9/15)	100,000		

용역수익

		(9/10)	150,000
		(9/15)	250,000

매출채권

(9/15)	150,000		

거래 ⑥ (9월 17일) 종업원에 대한 9월분 급여 200,000원을 현금으로 지급하다.

급여라는 비용 200,000원을 지불하기 위하여 현금이라는 자산이 200,000원 감소한 거래이며, 이에 대한 분개 및 전기를 제시하면 다음과 같다.

〈분개〉

(9/17)	(차변)	급여	200,000	(대변)	현금	200,000

〈전기〉

현 금

(9/1)	600,000	(9/3)	40,000
(9/5)	400,000	(9/17)	200,000
(9/10)	150,000		
(9/15)	100,000		

급 여

(9/17)	200,000		

거래 ⑦ (9월 20일) 은행차입금에 대한 2개월(9월, 10월)의 이자 4,000원을 현금으로 지급하다.

이자비용 4,000원을 지불하기 위하여 현금이라는 자산이 4,000원 감소한 거래이며, 이에 대한 분개 및 전기를 제시하면 다음과 같다.

〈분개〉

(9/20)	(차변) 이자비용	4,000	(대변) 현금	4,000	

〈전기〉

현 금

(9/1)	600,000	(9/3)	40,000
(9/5)	400,000	(9/17)	200,000
(9/10)	150,000	(9/20)	4,000
(9/15)	100,000		

이자비용

(9/20)	4,000		

제3절 결산절차

1. 시산표 작성

앞서 설명한 바와 같이 복식부기 하에서는 차변에 기록된 금액들의 총계와 대변에 기록된 금액들의 총계가 일치하여야 하며, 만약 그렇지 않다면 이는 분개 및 전기과정에서 오류가 있었음을 의미한다. 이러한 점에 입각하여 본격적인 결산절차를 시작하기에 앞서서 회계기간 중에 이루어진 분개 및 전기가 올바르게 이루어짐으로써 총계정원장의 계정기록이 정확한지 점검하기 위해 시산표(T/B: Trial Balance)를 작성한다.

시산표란 모든 계정별로 그 잔액을 차변과 대변으로 구분하여 나열해 놓은 표를 말하며, 시산표 상의 차변총액과 대변총액이 일치하면 일단 분개 및 전기 과정에서 오류가 없기 위한 필요조건이 충족된다.[9)] 앞서 제2절에서 거래기록절차를 설명하면서 제시하였던 사례에 대하여 9월말 현재의 시산표를 작성하면 다음과 같다.

시산표

YYY(주) 20XX년 9월 30일 현재

		차 변	대 변
자산:	현 금	₩1,006,000	
	매출채권	150,000	
	소모품	80,000	
부채:	미지급금		₩40,000
	차입금		400,000
자본:	자본금		600,000
수익:	용역수익		400,000
비용:	급 여	200,000	
	이자비용	4,000	
	합 계	₩1,440,000	₩1,440,000

2. 수정분개 및 전기

앞서 제3장 제3절에서 설명한 바와 같이 수익(revenue)이란 현금의 수입(cash receipt)과는 다른 개념이고 비용(expense)이란 현금의 지출(cash expenditure)과는 다른 개념이다. 다시 말하여 오늘날의 회계는 현금주의(cash basis)가 아니라 발생주의(accrual basis)에 따라 이루어진다. 여기서

9) 보다 구체적으로 말하여 시산표상의 차변총액과 대변총액이 일치한다고 하여 반드시 오류가 없다고 결론지을 수는 없다. 예컨대 분개를 함에 있어서 차변과 대변의 금액을 모두 1,000원이 아닌 10,000원으로 잘못 기재한 오류가 있는 경우 이러한 오류가 있음에도 불구하고 시산표상의 차변총액과 대변총액은 일치하게 된다.

발생주의란 현금의 유입 또는 유출과는 관계없이 수익과 비용이 발생한 기간에 수익과 비용을 인식하는 것을 말한다.

그런데 실제로는 회계기간 중의 거래를 기록함에 있어서 편의상 발생주의를 엄격히 적용하지 않을 수도 있으며, 이럴 경우에는 발생주의에서 벗어나 있는 수익계정들과 비용계정들의 금액을 발생주의에 따른 금액으로 수정하기 위한 분개 및 이에 대한 전기를 회계기말에 수행하게 된다. 요컨대 수정분개 및 전기란 수익과 비용을 발생주의에 따라 올바르게 인식함으로써 정확한 기간손익을 구함과 아울러 결과적으로 자산계정과 부채계정의 평가금액을 기말의 실제금액으로 수정하기 위하여 회계기간의 말에 행하는 회계절차를 말한다.

앞서 제2절에서 거래기록절차를 설명하면서 제시하였던 사례의 연장선에서 수정분개와 전기의 몇 가지 사례를 제시하면 다음과 같다.

수정분개 및 전기의 사례 ①

앞에서 제시한 거래⑦에서는 차입금에 대한 9월분 및 10월분의 이자 지급액 4,000원을 편의상 모두 9월의 이자비용으로 계상한 바 있다. 그러나 이 중에서 2,000원은 10월분 이자를 미리 지급한 것으로서 이는 9월의 비용에 해당하는 것이 아니라 선급비용이라는 자산에 해당한다. 따라서 이자비용 계정에서 2,000원을 감액시키고, 선급비용 계정에 2,000원을 계상하는 다음과 같은 수정분개 및 전기를 9월말에 한다.

〈수정분개〉

(9/30) (차변) 선급비용 2,000 (대변) 이자비용 2,000

〈전기〉

선급비용			
(9/30)	2,000		

이자비용			
(9/20)	4,000	(9/30)	2,000

수정분개 및 전기의 사례 ②

9월분 임차료 100,000원이 발생하였으나 이에 대하여 9월말까지 지급이 이루어지지 않았고 아무런 회계처리를 하지 않았다. 이럴 경우 9월말 현재 100,000원의 부채가 존재하는 것이 된다. 따라서 임차료 발생액 100,000원을 비용으로 계상함과 아울러 동 금액을 미지급비용이라는 부채계정에 계상하는 다음과 같은 수정분개 및 전기를 9월말에 한다.

〈수정분개〉

(9/30) (차변) 임차료 100,000 (대변) 미지급비용 100,000

〈전기〉

임차료			
(9/30)	100,000		

미지급비용			
		(9/30)	100,000

수정분개 및 전기의 사례 ③

9월말에 소모품의 재고를 파악한 결과 30,000원의 소모품이 남아 있었으며, 이는 9월 3일 구입하였던 소모품 80,000원 중에서 50,000원이 사용되어 감소되었음을 의미한다. 따라서 50,000원의 소모품 감소액을 소모품이라는 자산의 감소로 계상함과 아울러 소모품비라는 비용으로 계상하는 다음과 같은 수정분개 및 전기를 9월말에 한다.

〈수정분개〉

(9/30) (차변) 소모품비 50,000 (대변) 소모품 50,000

〈전기〉

소모품			
(9/3)	80,000	(9/30)	50,000

소모품비			
(9/30)	50,000		

3. 마감분개 및 전기

마감분개 및 전기란 한 회계기간의 기록을 다음 회계기간의 기록과 구분하기 위하여 기말에 행하는 분개 및 전기를 말하며, 이에 대한 절차 및 방법을 요약하면 다음과 같다.

① 모든 수익계정들과 비용계정들의 금액을 한 곳에 모으기 위한 계정인 집합손익 계정을 설정한다.

② 각각의 수익계정과 비용계정 별로 잔액을 손익계정으로 대체시키는 분개 및 전기를 함으로써 수익계정과 비용계정을 마감하며, 그 결과 다음 회계기간에 수익계정과 비용계정이 0에서부터 다시 시작할 수 있게 된다.[10)]

③ 집합손익 계정의 잔액을 이익잉여금 계정에 대체시키는 분개 및 전기를 함으로써 집합손익 계정을 마감한다.

앞서 거래기록절차와 수정분개 및 전기를 설명하면서 제시하였던 사

---

10) 수익과 비용은 회계기간별로 측정되므로 한 회계기간이 끝나면 그 잔액을 0으로 만들어 주어야 다음 회계기간에 발생하는 수익과 비용을 새로이 기록할 수 있다. 반면에 자산계정과 부채계정 및 자본계정의 잔액은 다음 회계기간으로 이월되어야 하므로 이들 계정의 잔액을 0으로 만들지는 않는다.

례에 대하여 마감분개 및 전기를 제시하면 다음과 같다.

〈마감분개〉

(9/30)	(차변)	용역수익	400,000	(대변)	집합손익	400,000
(9/30)	(차변)	집합손익	200,000	(대변)	급여	200,000
	(차변)	집합손익	100,000	(대변)	임차료	100,000
	(차변)	집합손익	50,000	(대변)	소모품비	50,000
	(차변)	집합손익	2,000	(대변)	이자비용	2,000
(9/30)	(차변)	집합손익	48,000	(대변)	이익잉여금	48,000

〈전기〉

용역수익

(9/30)	400,000	(9/10)	150,000
		(9/15)	250,000

급 여

(9/17)	200,000	(9/30)	200,000

소모품비

(9/30)	50,000	(9/30)	50,000

이자비용

(9/20)	4,000	(9/30)	2,000
		(9/30)	2,000

임차료

(9/30)	100,000	(9/30)	100,000

집합손익

(9/30)	200,000	(9/30)	400,000
(9/30)	100,000		
(9/30)	50,000		
(9/30)	2,000		
(9/30)	48,000		

이익잉여금

		(9/30)	48,000

4. 재무제표의 작성

마감분개 및 전기까지 반영된 이후의 자산계정과 부채계정 및 자본계정의 차기이월액들을 모아서 재무상태표를 작성하고, 집합손익 계정에 기입되어 있는 각각의 수익계정과 비용계정의 금액들을 모아서 손익계산서를 작성한다. 앞서 거래기록절차와 수정분개 및 전기, 그리고 마감분개 및 전기를 설명하면서 제시하였던 사례에 대한 재무상태표와 손익계산서를 제시하면 다음과 같다.

재무상태표

YYY(주) 20××년 9월 30일 현재

자 산:		부 채:	
현금	₩1,006,000	미지급비용	₩100,000
매출채권	150,000	미지급금	40,000
선급비용	2,000	차입금	400,000
소모품	30,000	부채 총계	₩540,000
		자 본:	
		자본금	₩600,000
		이익잉여금	48,000
		자본 총계	₩648,000
자산총계	₩1,188,000	부채와 자본 총계	₩1,188,000

손익계산서

YYY(주) 20××년 9월 1일~20××년 9월 30일

수 익:	용역수익		₩400,000
비 용:	급 여	200,000	
	소모품비	50,000	
	임차료	100,000	
	이자비용	2,000	352,000
당기순이익			₩48,000

제2부

원가의 흐름과 관리

제5장 원가회계와 관리회계

제6장 원가의 흐름

제7장 이익관리

제8장 예산편성과 차이분석

제5장 원가회계와 관리회계

제1절 원가회계란?

1. 원가회계의 의의

원가회계(cost accouting)란 원가와 관련된 정보를 제공하는 회계분야이다. 이러한 원가정보는 외부에 보고하기 위한 재무제표를 작성하는 데 이용되기도 하고, 내부관리 목적으로 경영자가 의사결정을 하거나 성과평가를 하는 데에도 이용된다.

2. 원가회계의 기능

원가회계가 담당하는 기능은 제품의 원가를 산출하는 측면과 이렇게 산출된 원가를 경영계획의 수립과 통제에 활용하는 측면, 두 가지로 구분해서 볼 수 있다. 구체적인 내용을 살펴보면 다음과 같다.

제품원가계산

원가회계를 통해서 우선 제품의 원가를 산출할 수 있다. 이렇게 산출된 제품원가에 의해서 대차대조표상의 재고자산금액이 결정되고 동시에 손익계산서상의 매출원가도 함께 결정된다. 이를 원가회계의 원가계산 기능이라고 한다.

이러한 기능을 수행하기 위해서 원가담당자는 원재료의 입출고, 임금의 지급, 경비의 지출과 같은 원가자료를 기록, 수집하고 이렇게 집계된 원가금액을 특정부문이나 제품에 배부하여 재무제표를 작성하는 데 필요한 재고자산의 금액을 결정해야 한다.

계획과 통제

원가회계가 갖는 계획과 통제의 기능이란 이미 산출된 원가정보를 경영활동에 이용하는 것을 말한다.

첫째, 계획측면에서 보면 원가회계는 의사결정을 위한 자료를 제공한다. 이를 위해서는 특정한 의사결정문제와 관련된 원가자료를 선택하고 이를 당면한 의사결정문제에 적합하도록 수정해서 이용한다. 이를 의사결정회계라고 한다.

둘째, 통제측면에서 보면 원가회계는 성과를 평가하기 위한 근거를 제공한다.

좀 더 구체적으로 말하면 최고경영자들이 쉽게 이해할 수 있도록 원가자료를 분석하고 예산원가(또는 표준원가)와 실제원가를 비교하여 특정부문이나 책임자의 성과를 평가하는데 이러한 과정을 성과평가회계라고 한다.

제2절 원가회계와 관리회계

1. 원가회계와 관리회계의 관계

관리회계는 원가회계의 기능 중에서 경영계획의 수립과 통제를 중심으로 하는 영역이다. 그래서 관리회계는 원가회계에서 제공된 자료를 토대로 이루어지는 의사결정회계와 성과평가회계가 중점적인 내용이 된다.

원가회계와 관리회계의 관계를 그림으로 보이면 다음과 같다.

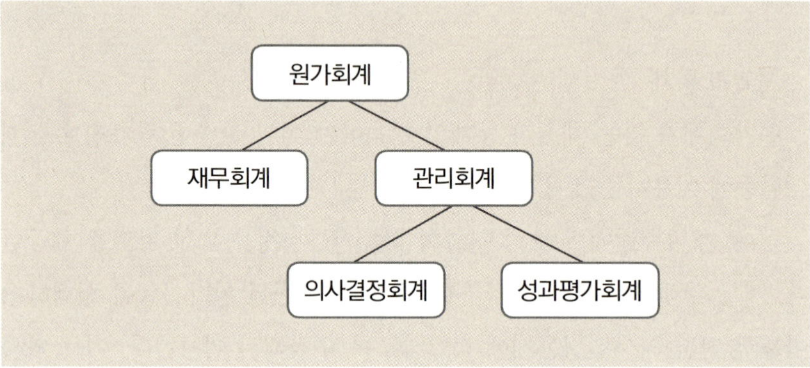

〈그림 5.1〉 원가회계와 관리회계의 내용

2. 관리회계의 내용

관리회계에서 다루게 되는 분석기법은 매우 다양한데 의사결정회계와 성과평가회계로 구분해서 대표적인 기법을 간단하게 살펴보면 다음과 같다.

이익관리기법

이익관리기법이란 의사결정회계의 한 분야로서 매출과 이익의 관계를 분석하는 것이다. 그래서 특정한 수준의 이익을 달성하기 위해서 어느 정도의 매출을 올려야 하는가 또는 이와 반대로 특정수준의 매출에서 이익은 어느 정도가 되는가를 분석한다. 이러한 분석기법 중 대표적인 것은 손익분기점분석이다.

원가차이분석

성과평가회계란 특정한 책임자나 사업부의 업적을 평가하는 것을 말한다. 그래서 여기서는 1차적으로 정상적인 경영활동에서 발생할 것으로 예상되는 예산을 편성하거나 표준원가를 설정한다. 그리고 이러한 예산을 실제 발생액과 비교해서 그 차이의 원인을 분석함으로써 낭비적 요소를 제거하는 것이다.

제6장 원가의 흐름

제1절 원가란 무엇인가?

1. 원가의 개념

특정한 재화나 용역을 산출하기 위해서 치른 경제적 희생을 원가(cost)라고 한다. 일반적인 의미에서 원가란 특정목적을 달성하기 위해서 희생된 자원의 가치를 화폐단위로 측정한 것을 말한다.

원가정보는 다양한 목적으로 사용되기 때문에 원가의 개념도 각 목적에 따라서 가장 적합한 개념으로 정의되어야 한다. 그래서 원가자료도 이러한 목적에 알맞게 분류하여야 한다.

2. 원가의 분류

원가는 사용목적에 따라서 다음과 같이 여러 가지 기준으로 분류된다.

경제적 가치의 소멸여부에 따른 분류

① 미소멸원가

미소멸원가란 경제적 가치가 남아 있는 자산을 말한다.

② 소멸원가

경제적 가치가 소멸된 비용이나 손실을 말한다. 여기서 비용은 수익창출에 기여하고 소멸된 원가로서 판매수수료, 운반비 등이 이에 해당되고 손실은 수익창출에 기여하지 못하고 소멸된 원가로서 재해손실과 같은 것들이 있다.

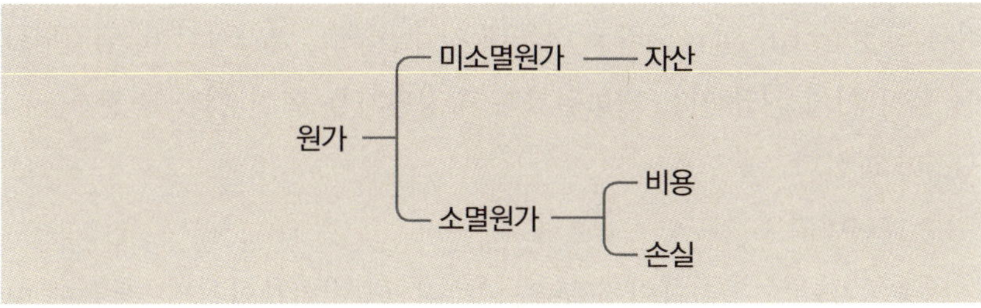

〈그림 6.1〉 미소멸원가와 소멸원가

추적가능성에 따른 분류

① 직접원가

직접원가라 함은 특정제품 또는 특정부문에서 발생된 원가로서 해당 제품이나 그 부문에 직접적으로 관련시킬 수 있는 원가를 말한다. 예를 들어서 자동차공장에서 발생된 타이어나 철판 등의 원가가 직접원가에 해당한다.

② 간접원가

특정제품 또는 특정부문과 관련시키기 힘든 원가이다. 자동차공장에서 발생한 전력비, 수도광열비 등은 어느 자동차제품에 얼마의 금액이 귀속되어야 하는지 알기 어려우므로 간접원가에 해당한다.

원가행태에 따른 분류

① 변동원가

변동원가(variable cost)란 생산량 또는 판매량이 증가함에 따라서 비례적으로 함께 증가하는 원가로서 재료비, 생산자임금, 판매수수료 등이 이에 해당한다.

② 고정원가

생산량 또는 판매량의 변화와는 무관하게 일정수준으로 발생하는 원가를 고정원가(fixed cost)라고 하는데 지급임차료, 감가상각비, 임직원급여 등이 이에 해당한다. 변동원가와 고정원가를 합친 것을 총원가(total cost)라고 한다.

③ 관련범위

변동원가와 고정원가의 구분은 의사결정고려기간의 길고 짧음에 따라서 분류가 달라질 수 있으므로 관련범위를 파악해야 한다. 관련범위란 현실적으로 달성가능한 최저조업도와 최대조업도 사이의 범위를 말한다.

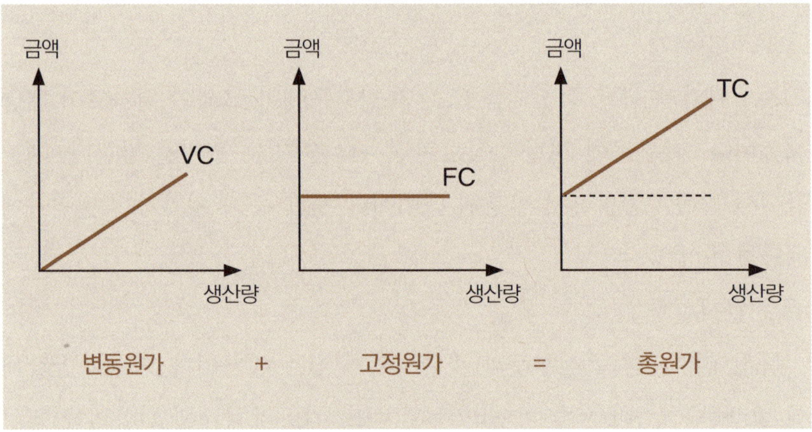

<그림 6.2> 변동원가, 고정원가, 총원가

제조활동과의 관련성에 따른 분류

① 제조원가

제품을 생산하는 과정에서 발생되는 원가를 제조원가라고 하는데, 제조원가의 세 가지 요소로서 재료비, 노무비, 경비 등이 있다.

② 비제조원가

제조활동과 직접적인 관련성은 없지만 판매활동과 일반관리활동에서 발생하는 원가로서 판매비와 관리비라는 두 가지 항목을 들 수 있다.

자산화가능성에 따른 분류

① 제품원가

발생원가가 특정한 생산물에 집계되어 자산으로 남아 있다가 제품이 판매, 처분되는 시점에서 비용으로 처리되는 원가를 말한다.

② 기간비용

원가가 발생하는 즉시 비용으로 처리되는 것을 기간비용이라고 하는데 판매비와 관리비가 이에 해당한다.

통제가능성에 따른 분류

① 통제가능원가

일정한 기간에서 관리책임자가 그 발생여부와 발생수준을 통제할 수 있는 원가를 통제가능원가라고 한다.

② 통제불능원가

통제불능원가란 관리책임자가 통제할 수 없는 원가를 말하는데, 관리책임자의 성과를 평가할 때에는 평가대상에서 제외해야 한다.

제2절 원가의 흐름과 집계

기업은 그 활동유형에 따라서 제조기업, 상기업, 서비스기업 등으로 분류할 수 있다. 제조기업은 제품을 만들어서 판매하는 기업이고 상기업은 상품의 매매를 주업무로 하는 기업, 서비스기업은 용역을 제공하고 그에 대한 수익을 올리는 기업이다.

이 중 제조기업의 회계시스템이 복잡하고 포괄적이기 때문에 제조기업의 원가흐름을 중심으로 설명한다. 따라서 상기업, 서비스기업의 경우에는 각 기업의 특성을 고려해서 해당되는 원가회계내용을 제조기업의 원가시스템에서 가져다 사용하면 될 것이다.

1. 재고자산계정

원재료, 재공품, 제품 등 세 가지가 제조기업에서 사용하는 가장 중요한 재고자산계정이다. 구체적인 내용은 다음과 같다.

원재료계정

제품을 생산하는 과정에서 사용될 원료, 재료 등의 원가를 기록하는 계정이 원재료계정이다. 포도가 와인이 되는 것과 같이 화학적 변환과정을 거쳐서 제품이 되는 경우에는 원료, 나무로 목재제품을 만드는 것과 같이 물리적 변환과정만 거치면 재료라고 구분하기도 하지만 총괄해서 원재료라고 하면 된다.

일반적으로 상기업, 서비스기업의 경우에는 원재료계정이 없고 저장품계정만 있는 경우가 많다.

재공품계정

재공품이란 아직 제품으로 완성되지 못한 중간제품들을 말한다. 그래서 이렇게 가공중에 있는 중간제품에 부과된 재료비, 노무비, 경비 등을 집계해 놓은 계정을 재공품계정이라고 한다.

제조기업의 재공품계정에 해당하는 것으로 건설회사의 경우에는 미완성공사계정을, 서비스기업의 경우에는 미완성용역계정을 사용한다.

제품계정

생산공정이 완료되면서 제품이 완성된다. 이렇게 완성된 제품에 부과된 모든 원가를 기록하는 계정이 제품계정이다.

일반적으로 건설업이나 서비스기업의 경우에는 생산공정이 완료되면서 곧바로 이에 대응하는 수익이 발생하게 되므로 제품계정이 없는 경우가 많다.

기타계정

원재료, 재공품, 제품 이외에도 반제품, 저장품, 소모품 등의 계정이 있다. 반제품은 아직 완성되지는 않은 중간제품이지만 그 자체로 시장에 판매할 수 있는 것이기 때문에 재공품과 다르다. 저장품, 소모품 등은 연료나 소모성 부품 등을 말하는데 제조업에만 해당되는 것은 아니다.

2. 원가의 흐름

제조기업에서 원가의 흐름이란 원재료가 노무비, 경비 등 가공원가와 합쳐져서 제품으로 완성되기까지의 과정을 말한다. 이러한 제조기업의 원가흐름이 어떻게 진행되는가를 다음 그림과 같이 나타낼 수 있다.

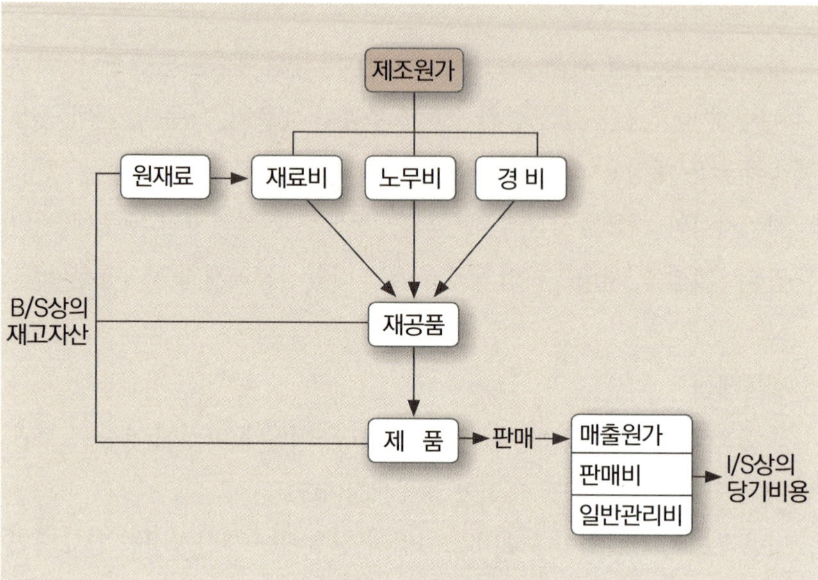

〈그림 6.3〉 원가의 흐름

3. 원가의 집계

재공품계정의 중요성

제조기업의 원가흐름에서 가장 중요한 계정은 재공품계정이다. 이 계정은 투입된 생산요소가 산출물로 전환되는 과정을 보여주는 동시에 그 전환과정에서 발생한 원가를 집계하기 위한 계정이기도 하다.

이때에 제조활동과 관련해서 발생된 모든 원가는 재공품계정의 차변(왼쪽)에 기록하는데, 이러한 집계과정을 원가집계(cost accumulation)라고 한다.

제조원가명세서

기업이 제조활동을 수행하면서 발생하는 화폐적 거래의 내역을 기록한 표가 제조원가명세서이다. 구체적으로는 원재료의 구입에서부터 노무비와 경비의 발생금액을 모두 집계한다. 그리고 이 금액을 당기에 제품으로 완성된 부분과 아직 완성되지 않은 부분으로 구분해서 이들 내용을 기록하게 되는데 이러한 내용을 표시한 재무제표를 제조원가명세서라고 한다.

제조원가명세서를 보면 제조활동과 관련된 원가의 흐름을 한눈에 파악할 수 있다.

제3절 제조원가명세서

1. 제조원가명세서

제조기업의 경우에는 손익계산서를 작성하려면 반드시 제조원가명세서를 먼저 작성하여야 한다. 제조원가명세서는 제조활동과 관련된 모든 원가흐름을 표로 작성한 것이므로 원가와 관련된 회계시스템에 대해서 잘 모르더라도 제조원가명세서를 보고 그 내용을 읽을 수 있어야 할 것이다.

기업회계기준에서 규정하고 있는 양식으로 작성된 제조원가명세서의 사례를 보면서 여기에 나타난 항목들을 차례로 설명한다.

제조원가명세서

1월 1일부터 12월 31일까지

과 목	금 액	
Ⅰ. 재 료 비		30,000
1. 기초재료재고액	15,000	
2. 당기재료매입액	35,000	
계	50,000	
3. 기말재료재고액	20,000	
Ⅱ. 노 무 비		25,000
1. 급여	19,000	
2. 퇴직급여	6,000	
Ⅲ. 경 비		18,000
1. 전력비	3,500	
2. 가스수도비	2,000	
3. 감가상각비	5,000	
4. 임차료	4,300	
5. 기타	3,200	
Ⅳ. 당기총제조비용		73,000
Ⅴ. 기초재공품원가		22,000
Ⅵ. 합 계		95,000
Ⅶ. 기말재공품원가		15,000
Ⅷ. 타계정대체액		5,000
Ⅸ. 당기제품제조원가		75,000

〈표 6.1〉 제조원가명세서

재료비

먼저 재료비와 관련된 내용을 살펴보자. 이 회사가 기초에 갖고 있던 재료는 15,000원이었다. 그리고 당기 중에 35,000원에 해당하는 재료를 매입하였다. 그런데 이 중에서 당기의 제조활동에 투입된 재료는 30,000원이고 그 결과로 기말에 남아 있는 재료는 20,000원이 되었다.

노무비

노무비는 원재료를 가공해서 제품을 생산하는데 직접적으로 기여한 생산직 사원들의 임금이다. 그리고 이들의 근무년수가 늘어나면서 증가하는 퇴직금까지 노무비에 포함되는데 퇴직급여 6,000원이 이에 해당하는 것으로 이해하면 된다. 재료비와 노무비를 합쳐서 직접원가라고 부른다.

경비

생산원가에서 재료비와 노무비, 이 직접원가를 제외한 나머지 부분은 경비이다. 그래서 경비는 간접원가의 성격을 갖는데 감가상각비, 전력비, 임차료 등이 이에 해당한다. 노무비와 경비는 모두 원재료를 가공하는 데 필요한 원가이기 때문에 가공원가라고 부른다.

당기총제조비용

당기총제조비용이란 당기 중에 제조공정으로 투입된 원가를 모두 집계한 것이다. 재료비는 30,000원, 노무비는 25,000원, 그리고 경비는 18,000원으로 구성되어 총 73,000원이 당기총제조비용이다.

재공품

재공품이란 생산공정에 걸려 있는 미완성제품을 말한다. 기초에 미완성제품금액이 22,000원인데 여기에 당기 생산활동으로 발생된 당기총제조비용 73,000원이 추가되었다. 그리고 당기 생산활동이 끝난 후에도 미완성상태로 남아있는 것이 15,000원이다.

타계정대체액

제조 중인 자산이 판매를 위한 제품으로 대체되지 않고 다른 용도로 사용된 것을 타계정대체라고 말한다. 예를 들면 제품으로 만들던 것을 회사가 유형자산이나 광고용으로 사용하는 것을 말한다. 즉, 자동차회사가 공장에서 생산한 자동차를 판매목적으로 창고에 입고시키면 제품이 되지만 영업목적으로 직접 사용하면 유형자산이 된다. 그리고 만약 자동차를 판매촉진을 위해서 경품으로 제공하면 광고비가 된다. 아무튼 제품이 아닌 다른 목적으로 사용된 금액이 5,000원으로 나타나 있다.

당기제품제조원가

당기 중에 재공품에서 제품으로 완성되어 대체된 원가를 말한다. 이 회사가 기초에 가공 중인 상태로 보유하고 있던 재공품은 22,000원이다. 여기에 당기 중 생산활동으로 재료비 30,000원, 노무비 25,000원, 경비 18,000원 등 총 73,000원의 제조비용이 투입되었다. 그런데 당기 중에 제품으로 완성된 금액은 75,000원, 다른 용도로 사용된 금액은 5,000원이고, 기말에 미완성상태로 남아있는 금액은 15,000원이다.

2. 손익계산서

〈표 6.2〉와 〈표 6.3〉을 보면서 상기업과 제조기업의 손익계산서를 비교해보자. 상기업의 경우에는 매출원가는 단순히 상품의 취득원가로 구성되어 있다. 그러나 제조기업의 경우 매출원가는 제조과정에서 발생한 여러 가지 항목으로 구성되어 있으며 이 금액들은 제조원가명세서와 연계되어 있음을 알 수 있다.

제조기업의 매출원가를 앞서의 제조원가명세서와 연관시켜 살펴보자. 기초에 이 회사의 창고에 있던 제품은 30,000원이다. 그리고 당기 중에 공장에서 완성되어 창고에 입고된 제품은 제조원가명세서상의 당기제품제조원가인 75,000원이다. 그런데 이 중에서 70,000원어치가 100,000원에 팔렸다. 그래서 기말에 창고에 남아있는 제품은 35,000원이다.

제조기업의 I/S		
매 출 액		100,000
매출원가		70,000
기초제품재고액	30,000	
당기제품제조원가	75,000	
계	105,000	
기말제품재고액	35,000	
매출총이익		30,000
판매비와 관리비		12,000
영업이익		18,000

<표 6.2> 제조기업의 손익계산서

그러나 상기업의 경우에는 〈표 6.3〉에서 보는 바와 같이 매출원가가 단순히 상품의 취득원가로 구성되어 있음을 알 수 있다.

상기업의 I/S		
매 출 액		100,000
매출원가		70,000
기초상품재고액	30,000	
당기매입액	75,000	
계	105,000	
기말상품재고액	35,000	
매출총이익		30,000
판매비와 관리비		12,000
영업이익		18,000

<표 6.3> 상기업의 손익계산서

그런데 한 기업이 상품매매, 제품판매 및 서비스매출 등 여러 유형의 매출활동을 함께 수행하는 경우가 많은데 이때에는 동일한 손익계산서 상에 매출과 매출원가가 매출유형별로 나타나게 된다.

제7장 이익관리

제1절 이익관리란 무엇인가?

1. 이익관리의 의의

이익관리란 매출과 이익의 관계를 분석해서 이 관계를 이용하여 각종 계획을 수립하고 이를 경영활동 전반에 걸친 관리기법으로 활용하는 것을 말한다. 이익관리는 이익수준을 안정적으로 유지하고 더 나아가서 이를 확대하고자 함에 그 목적이 있으며 구체적인 분석기법으로 손익분기점분석이 이용된다.

2. 이익관리의 활용

이익관리를 통해서 다음과 같은 관리적 의사결정문제의 해결에 필요한 정보를 얻을 수 있다.

- 특별주문의 수락여부결정
- 제품생산에 필요한 부품의 자가제조 또는 외부구입여부결정
- 특정부문의 확장 또는 폐지여부결정
- 신제품생산라인의 추가결정여부
- 중점관리해야 할 부문의 선택

제2절 손익분기점분석

1. 손익분기점이란?

손익분기점(BEP: break-even point)이란 일정기간 동안의 매출액과 총영업비용이 일치하여 이익도 없고 손실도 없게 되는 매출수준을 말한다. 따라서 매출액이 손익분기점을 넘어서면 영업이익이 발생하고 매출액이 손익분기점에 미달하면 영업손실이 발생한다.

그런데 매출수준은 금액 또는 수량으로 나타낼 수 있으므로 손익분기점도 매출금액으로 나타낼 수도 있고 매출수량(조업도)으로 나타낼 수도 있다.

2. 손익분기점분석

손익분기점분석이란 손익분기점에 내포되어 있는 경제적 의미를 이해하고 이를 이용해서 이익을 관리하는 기법을 말한다. 이때에 주된 분석내용이 원가-조업도-이익(cost-volume-profit)의 관계이기 때문에 손익분기점분석을 CVP분석이라고도 한다.

손익분기점분석은 기업이 생산 및 판매계획을 수립하는 데 매우 유용하며 구체적으로는 다음과 같은 물음에 대한 답을 구하는 데 특히 효과적이다.

① 수익과 원가를 일치시키려면 몇 개의 제품을 생산, 판매해야 하는가?

② 판매량을 지금보다 특정량만큼 증가시키면 이익은 얼마나 증가하

는가?

③ 특정수준의 이익을 획득하려면 몇 단위의 제품을 생산, 판매해야 하는가?

제3절 손익분기점분석의 활용

1. 손익분기점의 산출

손익분기점 산출식

손익분기점을 산출하려면 우선적으로 고정비와 변동비의 구분이 선행되어야 한다. 고정비(fixed cost)란 앞서 원가의 분류를 설명하면서 밝혔듯이 제품생산량과 관계없이 일정한 금액으로 발생하는 비용이다. 그리고 변동비(variable cost)란 제품생산량과 비례해서 발생하는 비용이다. 특히 제품 한 개를 추가로 생산하는데 발생하는 변동비를 단위당 변동비라고 하며 이들 자료를 이용해서 다음과 같은 방법으로 손익분기점을 산출할 수 있다.

$$\text{손익분기점(수량)} = \frac{\text{고정비}}{\text{판매단가} - \text{단위당 변동비}}$$

이때에 분모에 해당하는 값, 즉 판매단가에서 단위당 변동비를 차감한 값을 공헌이익(contribution margin)이라고 하는데 이는 고정비를 커버하는 데 공헌하는 이익이라는 뜻이다. 그래서 위 식을 다음과 같이 나타내기도 한다.

$$\text{손익분기점(수량)} = \frac{\text{고정비}}{\text{단위당 공헌이익}}$$

이렇게 구한 손익분기점은 수량으로 표현된 것이므로 매출금액으로 구하려면 여기에 단위당 판매단가를 곱하면 될 것이다.

그림으로 본 손익분기점

매출, 고정비, 변동비, 이익 등의 관계를 통해서 파악되는 손익분기점의 내용을 그림으로 분석하면 다음과 같이 나타낼 수 있다.

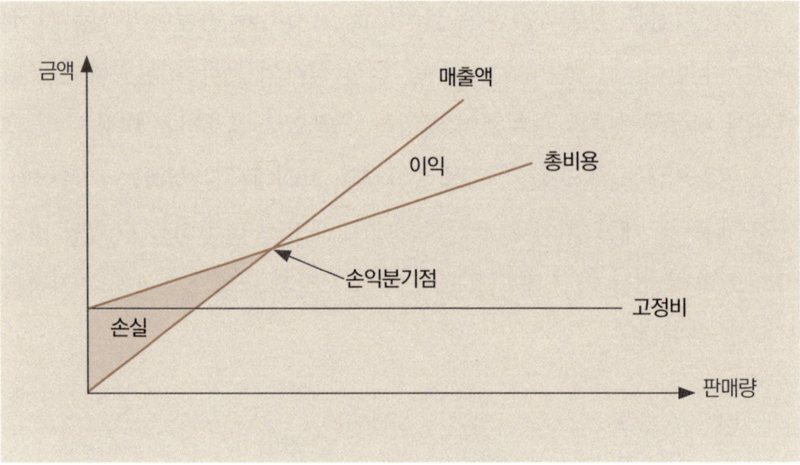

〈그림 7.1〉 손익분기점

예제 어떤 기업이 판매하고 있는 제품의 판매단가는 10만원이다. 이 제품의 단위당 변동비는 6만원이며 지급임차료, 감가상각비 등 연간 고정비는 3,500만원이라고하여 다음 물음에 답하라.

(1) 손실을 보지 않기 위해서 이 기업이 1년 동안 최소한 몇 개 이상의 제품을 판매해야 할까?

(2) 판매원이 5명 있다고 가정할 때에 한 사람당 얼마 이상의 매출액을 올려야 할까?

(1) 제품 단위당 공헌이익은 10만원-6만원=4만원이므로 손익분기점(수량)은 다음과 같다.

$$\text{손익분기점} = \frac{3{,}500\text{만원}}{4\text{만원}} = 875\text{개}$$

(2) 손익분기점에 해당하는 매출수준을 매출금액으로 표현하면 875개×10만원=8,750만원이므로 이를 다섯명의 판매원으로 나누면 1인당 1,750만원(=8,750÷5)의 매출액을 올려야 한다.

2. 목표이익과 손익분기점

목표이익을 고려한 산출식

손익분기점은 손실 또는 이익이 0이 되는 매출액 또는 판매량을 의미한다. 이렇게 손익분기점을 산출하는 원리는 특정수준의 목표이익을 달성하는 데 필요한 매출액 또는 판매량을 파악하는 문제에도 적용할 수 있다. 구체적으로는 다음 산식을 이용한다.

$$손익분기점(수량) = \frac{고정비+목표이익}{판매단가-단위당변동비}$$

그런데 이렇게 산출한 값은 목표이익을 달성하기 위한 매출수준이므로 손익분기점이라고 말하는 것이 부적합하다.

예제

(3) 앞서 예제에서의 기업이 올해 1,000만원의 이익을 달성하려고 한다. 몇 개의 제품을 판매하여야 목표를 달성할 수 있을까?

(4) 매출금액으로는 얼마의 매출수준을 올려야 1,000만원의 이익을 달성할 수 있는가?

(3) 목표이익 1,000만원을 달성하기 위한 매출수준을 수량으로 산출하면 다음과 같다.

$$손익분기점 = \frac{3,500만원+1,000만원}{4만원} = 1,125개$$

(4) 손익분기점에 해당하는 수량에 판매단가를 곱하면 된다. 즉, 1,125개×10만원=1억 1,250만원이다. 이때에 판매원 1인당 매출액은 2,250만원(=11,250÷5)의 매출액을 올려야 하므로 1인당 500만원씩의 매출액을 늘려야 한다.

3. 수익구조의 진단

BEP비율의 이용

손익분기점은 이익과 손실의 갈림길이 된다. 즉, 손익분기점을 초과하여 매출액을 올리면 올릴수록 이익은 늘어난다. 따라서 현재매출수준이 손익분기점을 어느 정도 초과하는지의 수익구조를 파악할 필요가 있다. 이를 표시하는 지표로 손익분기점비율(BEP비율)을 이용하는데 다음과 같이 산출한다.

$$손익분기점비율(\%) = \frac{손익분기점}{현재\ 매출수준} \times 100$$

손익분기점비율로 수익구조를 진단할 때에는 다음과 같은 표를 이용해서 판정한다. 여기서 BEP비율이 75%라 함은 매출수준이 현재의 수준보다 25% 내려가도 적자는 아니라는 의미가 된다. 따라서 수익구조는 낮게 유지하는 것이 바람직하다.

BEP비율 (%)	판 정
95% 초과	위험한 상황
85 - 95 %	주의가 요망
75 - 85 %	대체로 무난
75 % 미만	건전한 상황

〈표 7.1〉 수익구조의 진단

안전한계

BEP비율과 같이 수익구조를 파악하는 데 안전한계라는 개념도 자주 이용된다. 안전한계는 현재매출액이 손익분기점의 매출액을 초과하는 금액을 말한다. 그리고 안전한계를 현재매출액으로 나누어 산출한 비율을 안전한계율이라고 하는데 이 값이 클수록 기업의 수익구조는 건전하다고 볼 수 있다.

안전한계율은 BEP비율과 역관계에 있기 때문에 BEP비율이 낮을수록 안전한계율은 높고 수익구조는 건전하다고 판단하는 것이다. 이 두 가지 비율의 관계는 다음과 같다.

안전한계율 + BEP비율 = 1

예제

(5) 앞서 예제에서의 기업이 올해 1,000개의 제품을 판매하였다. 이 기업의 BEP비율은 얼마인가?

(6) 그리고 안전한계와 안전한계율을 산출하라.

(5) 손익분기점비율은 다음과 같이 산출된다.

$$\text{BEP비율} = \frac{875}{1{,}000} \times 100 = 87.5(\%)$$

(6) 안전한계는 현재 매출액이 1,000개×10만원=1억 원이므로 여기서 손익분기점에 해당하는 매출액 8,750만 원을 차감하여 1,250만 원을 구할 수 있다. 그리고 안전한계율은 다음과 같이 산출된다.

$$\text{안전한계율} = \frac{1{,}250\text{만원}}{1\text{억원}} \times 100 = 12.5(\%)$$

이렇게 구한 손익분기점비율과 안전한계율을 더하면 1임을 확인할 수 있다.

제4절 레버리지효과

1. 레버리지효과란?

레버(lever)란 지렛대를 말한다. 지렛대를 이용하면 작은 움직임으로 큰 움직임을 얻을 수 있는데 이러한 효과를 레버리지(leverage) 또는 레버리지효과(leverage effect)라고 한다. 레버리지효과는 이익관리기법에서 매우 중요한 개념인데 이를 잘 이용하면 효율적인 기업경영을 도모할 수 있다.

〈그림 7.2〉 레버리지효과

2. 영업레버리지효과

시설투자와 비용구조

같은 종류의 제품을 생산하는 두 기업을 비교해 보자. 한 기업은 시설투자를 많이 해서 거의 모든 공정이 자동화된 생산설비를 갖추고 있는 공장을 갖고 있는데 비해서 다른 한 기업은 시설투자가 별로 없어서 주로 수작업으로 제품을 생산한다고 가정하자.

이렇게 시설투자가 서로 다른 두 기업의 비용구조는 다음과 같은 특징을 갖는다. 즉, 자동화공장은 고정비부담이 크지만 제품을 추가로 한 단위 생산하는데 드는 변동비는 작을 것이다. 그러나 반대로 수작업공장은 시설투자가 없으므로 고정비부담은 작지만 제품 한단위를 추가로 생산할 때마다 발생하는 변동비는 클 것이다.

그래서 시설투자규모의 차이에 따라서 비용구조의 특징을 요약하면 〈표 7.2〉와 같이 표현할 수 있다.

기업의 유형	시설투자가 많은 기업	시설투자가 적은 기업
전체 고정비	크다	작다
단위당 변동비	작다	크다

〈표 7.2〉 시설투자와 비용구조

그림으로 본 영업레버리지

이러한 자동화공장과 수작업공장의 비용구조를 고려해서 고정비와 변동비, 그리고 총비용 및 매출액과의 관계를 그림으로 나타내고 각 매출수준에서 산출된 이익수준을 나타내면 〈그림 7.3〉과 같다.

그림에서 보듯이 고정비부담이 큰 자동화공장의 경우는 수작업공장에 비해서 매출액변화에 대해서 이익변화가 훨씬 큰 폭으로 움직인다는 것을 알 수 있다. 이러한 효과를 영업레버리지(operating leverage)라고 한다. 그러므로 시설투자가 많은 자동화공장은 영업레버리지가 크다고 하고 시설투자가 적은 수작업공장은 영업레버리지가 작다고 할 수 있다.

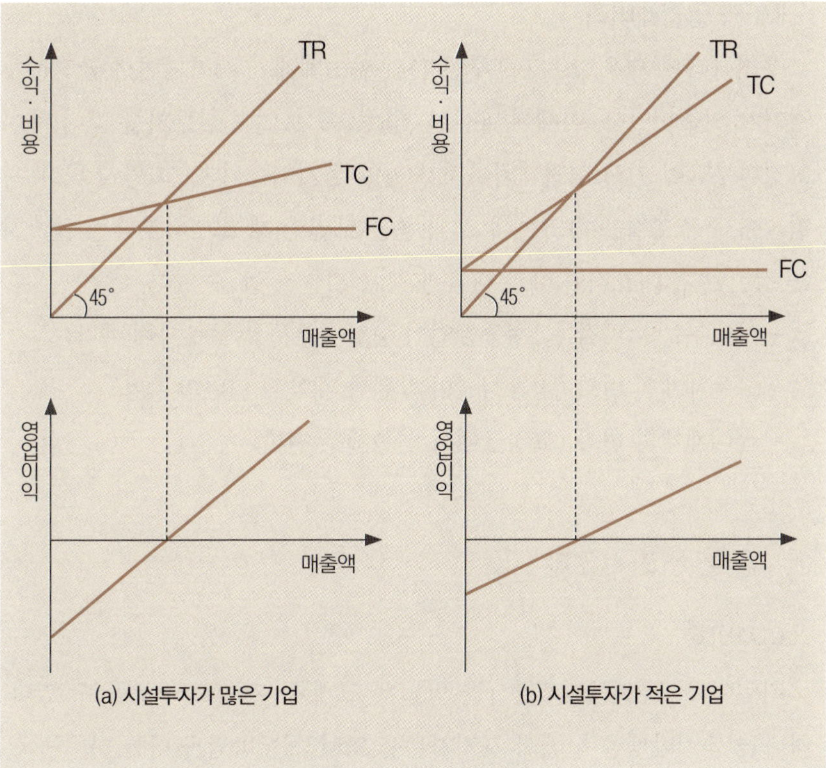

〈그림 7.3〉 영업레버리지

경기변동과 영업레버리지

경기가 호황이면 기업의 매출은 증가한다. 이렇게 매출이 증가할 때에는 시설투자를 많이 한 기업이 시설투자를 적게 한 기업보다 이익이 훨씬 빠르게 증가한다. 〈그림 7.3〉에서 보듯이 영업레버리지가 더 크기 때문이다. 그러나 경기가 불황이 되면 기업 매출은 감소하게 되는데 이때에는 시설투자를 많이 한 기업의 손실폭이 훨씬 더 크게 된다.

IMF와 영업레버리지

우리나라의 경우, 1997년 후반 IMF관리체제가 시작되면서 급격하게 경기가 위축되었다. 이때에 파산한 기업들을 보면 시설투자를 많이 하여 고정비부담이 커서 영업레버리지가 높았던 기업들이다. 그 당시 많은 기업들이 구조조정을 하였는데 그 내용을 보면 대개 고정비부담을 줄이려는 것이었다. 대표적인 예로 다음과 같은 것들을 들 수 있다.

- 사업부문의 매각 (삼성중공업이 중장비부문을 볼보사에 매각)
- 고용체계의 변화 (정규직원의 감원과 계약직 인턴의 채용)
- 급여체계의 변화 (고정급에서 연봉제로 전환)

3. 재무레버리지효과

이자비용

기업이 소요자금을 조달하는 방법은 크게 두 가지로 구분할 수 있다. 하나는 주식발행을 통해서 자기자본을 조달하는 방법과 다른 하나는 은행차입이나 회사채발행을 통해서 타인자본을 조달하는 방법이다.

그런데 여기서 자기자본을 조달하면 불황으로 이익이 없으면 배당을 하지 않아도 되지만 타인자본을 조달하게 되면 이자비용은 경기와는 상관없이 매번 반드시 지급해야 한다. 그래서 타인자본에 대한 이자비용은 고정비와 같은 성격을 갖는다.

재무레버리지효과

이자비용은 고정비와 같은 성격을 갖기 때문에 부채를 많이 사용하는 기업은 부채를 적게 사용하는 기업에 비해서 매출액 또는 영업이익이 변화할 때 순이익이 더 크게 변동하게 된다. 이러한 원리는 앞서의 영업레버리지효과와 동일한 것이다. 이렇게 부채에 대한 이자비용때문에 경기변동에 따라 손익확대효과가 나타나는 것을 재무레버리지(financial leverage)라고 한다.

경기변동과 재무레버리지

부채를 많이 사용하면 나쁜 기업이고 부채를 전혀 사용하지 않은 기업이 좋은 기업일까? 반드시 그렇지는 않다. 재무레버리지효과를 생각해보면 그 이유를 쉽게 알 수 있다. 경기가 좋아서 매출이 크게 증가할 때에는 부채를 사용함으로써 순이익을 더 크게 할 수 있다. 그러나 경기가 불황일 때에는 반대로 부채를 많이 사용하면 손실이 급격히 커져서 기업파산으로 이어질 수 있다.

IMF와 재무레버리지

IMF관리체제가 시작될 당시의 상황을 다시 생각해 보자. 많은 기업들이 미래경기를 낙관하여 과잉시설투자(삼성의 자동차산업 진출, 한보철강의 당진제철소설립 등)를 하였다. 더구나 그 중 상당 기업들이 시설투자자금을 거의 은행차입과 같은 부채에 의존하였다. 결과적으로 영업레버리지와 재무레버리지를 모두 증대시켜 놓은 상태였다. 이러한 상태에서 경제관료들의 무능으로 외환위기가 닥치고 급속한 불경기를 맞게 되었다. 소비위축에 따른 매출감소로 기업들의 손실은 급속하게 확대되고 많은 기업들이 파산하였다.

그래서 이때에 살아남은 기업들의 구조조정내용을 보면 사업부문의 매각으로 조달된 자금을 부채상환에 사용하는 것이었다. 이는 고정비부담을 줄여서 영업레버리지를 감소시키고 동시에 부채상환을 통해서 재무레버리지도 함께 줄일 수 있는 방법이었다.

제8장 예산편성과 차이분석

제1절 예산편성절차

1. 예산이란?

예산이란 미래의 경영계획을 화폐단위로 표현한 것을 말한다. 그래서 경영자는 예산을 통해서 추상적인 경영계획을 보다 구체화시켜서 효과적인 경영활동을 수행할 수 있다.

예산은 기업전체를 대상으로 수립할 수도 있지만 목적에 따라서는 부문별로 작성할 수도 있고 기간별로 구분해서 작성할 수도 있다. 이러한 신축적인 예산제도를 도입, 운용함으로써 조직전체의 계획수립은 물론이고 하부단위의 활동까지 조정, 통제할 수 있는 것이다.

2. 예산순환과정

예산의 수립과 집행은 한번의 작업으로 끝나는 것이 아니다. 예산제도가 본래의 기능을 충분히 발휘하려면 몇 단계의 절차를 거치면서 연속적이고 동적인 과정을 밟아야 한다. 바로 이러한 연속적인 예산운용시스템을 예산순환과정이라고 하는데 〈그림 8.1〉과 같이 요약된다.

목표설정단계는 경영자가 경영계획을 수립하는 것을 말한다. 그런데 대개 이러한 계획은 추상적인 용어로 표현되는 경우가 많다. 그래서 예산담당자는 이를 달성하기 위해서 이용가능한 자원을 파악하고 주어진 여건을 고려하여 구체적인 수치로 경영계획을 수립해야 한다. 이렇게 구체적인 수치로 표현된 경영계획을 예산이라고 하는데 수립된 예산에 따라서 경영활동을 실행한다. 그리고 실제결과를 예산자료와 비교하면서 그 차이를 분석함으로써 성과를 평가한다. 평가결과를 통해서 문제점이 무엇인지 파악하고 필요한 경우에는 목표를 수정하거나 다음 예산에 반영한다.

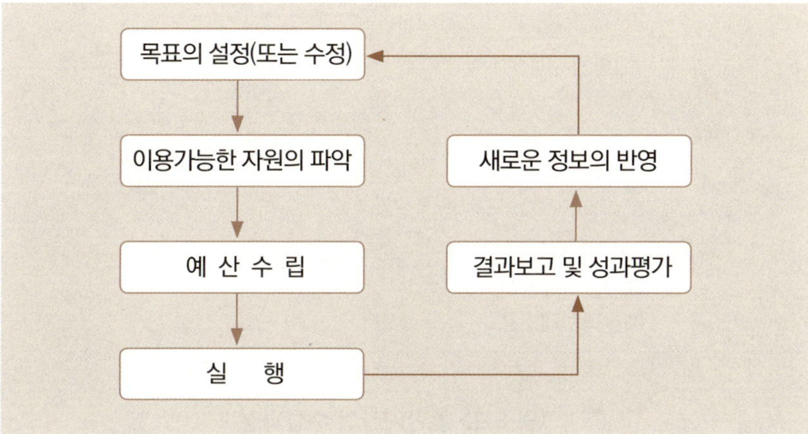

<그림 8.1> 예산순환과정

3. 종합예산의 구성

종합예산이란?

예산은 그 수립목적에 따라서 활동부문별로 작성할 수도 있고 월별, 분기별, 반기별, 연도별로 구분해서 작성할 수도 있다. 그러나 기업전체를 대상으로 수립한 1년 단위의 예산을 가장 중요하게 생각하는데 이를 종합예산이라고 한다.

종합예산은 수요예측에서부터 생산활동, 판매 및 관리활동까지 반영한 예산으로 편성되는데, 좀더 구체적인 내용을 〈그림 8.2〉에서 살펴보자.

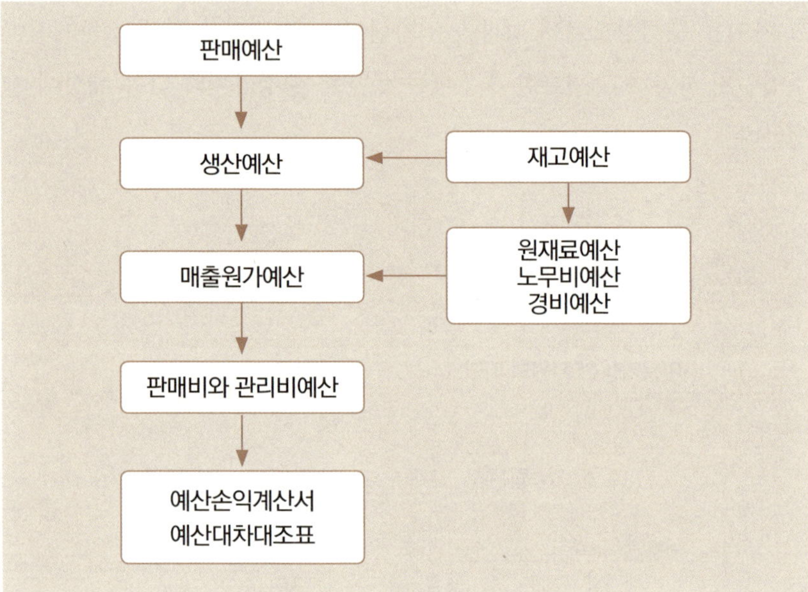

〈그림 8.2〉 종합예산의 수립과정

판매예산

판매예산은 소비자들의 수요예측을 전제로 판매예상량을 구하는 것이다. 수요예측에 의해서 기업의 생산규모가 결정되므로 판매예산은 종합예산의 첫 단계이면서 가장 중요한 과정이다.

미래수요에 대한 과대예상은 과잉시설투자를 가져올 수 있고 과소예상은 재고부족에 따른 기회손실을 가져올 수 있으므로 영업부서의 도움을 받아서 판매량에 영향을 줄 수 있는 변수들을 모두 고려하여 최대한 정확한 예산을 수립해야 할 것이다.

생산예산

생산예산은 판매예산에서 산출된 제품의 판매예상량을 현재보유량과 비교해서 당기에 생산해야 할 수량을 산출하는 것이다. 생산량이 확정되면 이번에는 생산에 필요한 원재료수량과 현재 보유하고 있는 원재료수량을 비교하고 구입해야 할 원재료의 수량과 금액 등으로 표시한다. 이렇게 생산예산은 재고예산과 함께 연관성을 갖고 수립해야 한다.

매출원가예산

재고예산에서는 원재료예산이 만들어지는데 다음 단계에서는 원재료예산을 바탕으로 이에 추가되는 가공원가, 즉 노무비와 경비에 대한 예산을 수립해야 한다. 이러한 제조원가 3요소에 대해서 예산을 수립하고 난 후에는 재고예산 중 제품수량과의 관계에서 매출원가예산을 수립할 수 있다.

판매비와 관리비예산

판매수량과 생산수량 등이 결정되면 이에 따라서 발생할 것으로 예상되는 판매비와 일반관리비를 추정할 수 있다. 각 판매부서와 관리부서별로 구체적인 예산을 수립하도록 하고 수립된 예산의 타당성을 검토하여 기업전체의 판매비와 관리비를 확정시킨다.

예산손익계산서와 예산대차대조표

판매비와 관리비예산까지 반영하면 예산영업이익이 산출되기 때문에 여기까지의 예산은 영업예산이라고 한다. 그러나 경영활동은 영업활동뿐만 아니라 재무활동과 투자활동도 포함한다. 따라서 재무활동에서 발생하는 수입이자와 지급이자 등을 고려해서 예산손익계산서(budgeted income statement)를 작성한다. 그리고 투자활동에서 발생하는 자본예산 항목까지 고려해서 예산대차대조표 및 예산현금흐름표를 작성하면 종합예산이 완성된다.

제2절 예산의 편성

1. 표준원가란?

표준(standard)이란 통제나 성과평가의 기준이 되는 근거를 말한다. 그래서 예산을 편성하거나 실제원가와의 차이를 분석함에 있어서는 반드시 이해해야 할 개념이다. 그리고 실무에서도 많은 기업들이 표준수량, 표준원가의 개념을 이용해서 원가통제나 사업부평가에 활용하고 있다.

표준원가를 좀더 구체적으로 설명하면 제품을 생산하는 데 발생할 것으로 예상되는 원가를 사전에 결정한 것이라고 할 수 있다. 대개 각 원가요소별로 표준원가를 설정하고 이를 예산편성에 활용하고 실제원가와의 차이를 분석하는 경우가 많다.

2. 고정비와 변동비의 구분

표준원가로 예산을 수립하고 이를 원가통제와 성과평가에 효과적으로 이용하려면 우선 총발생비용을 변동비와 고정비로 구분해야 한다. 왜냐하면 변동비는 관리자가 통제할 수 있지만 고정비는 통제할 수 없는 경우가 많기 때문이다. 만약 통제할 수 없는 비용이라면 관리자의 성과를 평가할 때 평가대상에 포함시키지 말아야 할 것이다.

변동비와 고정비를 구분하는 방법으로는 다음과 같은 방법들이 이용된다.

계정분류법

이는 계정의 특성을 파악해서 생산량과 비례적으로 발생하는 계정금액은 변동비로, 생산량과 무관하게 일정한 금액으로 발생하는 계정금액은 고정비로 분류하는 방법이다.

고저점법

계정분류법에 따라서 계정의 특성을 파악하다보면 변동비와 고정비의 구분이 불분명한 계정들이 있을 수 있다. 이러한 경우에는 생산량이 가장 많은 때의 비용과 가장 적은 때의 비용을 직선으로 연결하여 비용구조를 파악할 수 있는데 이 방법을 고저점법(high-low method)이라고 한다. 따라서 이 방법을 이용하기 위해서는 최소한 두 기간에 대한 비용자료가 필요하다.

회귀분석의 이용

앞서 설명한 계정분류법이나 고저점법보다 좀더 과학적인 방법으로 비용구조를 분석하여 표준원가를 설정하거나 예산을 수립할 수 있다. 그 중 한가지 방법이 회귀분석을 이용하는 것이다. 회귀분석은 여러 분야에서 가장 많이 이용되는 통계적 분석방법이다. 독립변수(설명변수: 여기서는 생산량)와 종속변수(피설명변수: 여기서는 총비용)와의 관계식을 구하여 이를 원가방정식으로 이용하는 것이다.

예제 어떤 회사의 생산량과 발생비용에 대한 자료를 수집한 결과 다음과 같다. 고저점법을 이용해서 답하라.

	생산량	총발생비용
5월	6,000개	78,000원
6월	6,500	84,000
7월	8,000	102,000
8월	7,000	91,000

(1) 생산량 단위당 변동비는 얼마인가?

(2) 월별 고정비는 얼마인가?

(3) 이 회사의 비용구조를 식으로 나타내라.

(4) 9월 생산예정량이 7,200개라면 9월에 발생할 것으로 예상되는 비용은 얼마인가?

(1) 가장 적게 생산한 5월의 생산량과 비용, 가장 많이 생산한 7월의 생산량과 비용의 관계에서 다음과 같이 단위당 변동비를 구한다.

$$\text{단위당변동비} = \frac{102{,}000-78{,}000}{8{,}000-6{,}000} = 12(\text{원/개})$$

(2) 월별 고정비는 다음과 같이 구한다.

$$78{,}000-(12\times6{,}000) = 6{,}000(\text{원})$$

(3) 비용구조를 나타내는 식을 원가방정식이라고 하는데, 이 회사의 경우 다음과 같이 표현된다.

$$Y = 6{,}000 + 12X$$ (단, Y:총비용 X:생산량)

(4) 9월의 발생비용은 원가방정식에 생산예정량을 대입해서 다음과 같이 예상할 수 있다.

$$6{,}000 + (12 \times 7{,}200) = 92{,}400(\text{원})$$

3. 고정예산과 변동예산

고정예산

고정예산(static budget)은 생산수량의 변화가능성을 고려하지 않고 단일 조업도를 기준으로 편성하는 예산을 말한다. 예를 들어서 10,000개의 생산량을 기준으로 예산을 편성하고서 실제생산량이 8,000개이거나 13,000개이거나 상관없이 실제발생비용을 10,000개를 기준으로 편성된 예산과 비교해서 차이를 분석한다면 이것은 고정예산이다.

이러한 고정예산에서는 실제생산량과 예산생산량의 차이가 발생하면 그 예산이 적절한 성과평가기준이 될 수 없다. 그 차이가 클수록 예산과 실제비용의 차이는 더욱 그 의미를 상실하게 된다. 그런데 현실적으로는 실제생산량을 정확하게 예측할 수 없으므로 고정예산은 바람직한 예산제도라고 할 수 없다.

변동예산

변동예산(flexible budget)이란 일정범위의 생산량수준에 대한 예산을 수립하고 실제생산량에 해당하는 예산과 실제생산량에서 발생한 실제비용을 비교하는 것이다. 따라서 고정예산은 생산량을 사전에 예측해서 구하는 예산이고, 변동예산은 사후적인 실제생산량에 근거한 예산이라고 할 수 있다.

변동예산의 기본적인 생각은 통제목적을 위한 예산을 수립하려면 실제생산량수준에 근거해야 한다는 것이다. 그리고 실제생산량에 대한 변동예산을 설정할 때에는 앞서 설명한 원가방정식을 이용해서 산출하면 될 것이다.

그래서 변동예산을 수립하는 절차는 다음과 같이 요약할 수 있다.

① 계획기간 동안 예상되는 생산량의 관련범위를 정한다.

② 원가를 행태별로 분리하고 원가방정식을 추정한다.

③ 관련범위내의 각 생산량을 원가방정식에 대입하여 변동예산을 설정한다.

제3절 차이분석

1. 차이분석의 기본모형

표준원가와 예산은 관리목적에서 유용하다. 즉, 실제발생액과의 차이를 분석함으로써 원가통제 및 성과평가에 필요한 근거자료를 얻을 수 있다.

실제생산량에 허용된 예산과 실제로 발생한 원가와의 차이는 총차이라고 한다. 그러나 총차이만 갖고서는 충분한 정보를 얻을 수 없기 때문에 이를 가격차이와 능률차이로 세분해서 분석한다.

그래서 이러한 차이분석을 위한 기본모형을 먼저 소개한다.

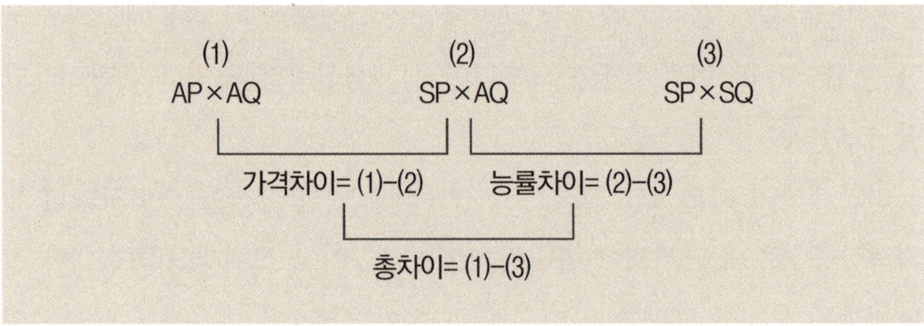

〈그림 8.3〉 차이분석의 기본모형

여기서 AP(actual price)는 실제가격, AQ(actual quantity)는 실제수량을 의미한다. 그리고 SP(standard price)는 표준가격을 말하며, SQ(standard quantity)는 실제생산량에 대해 허용된 표준수량을 말한다.

그리고 이익을 올리는 영업부를 대상으로 분석할 때에는 각 차이가 음(-)의 값을 가지면 불리한 차이, 양(+)의 값을 가지면 유리한 차이라고 한다. 그러나 비용을 발생시키는 생산부를 대상으로 분석할 때에는 이와 반대로 각 차이가 양(+)의 값을 가지면 불리한 차이, 음(-)의 값을 가지면 유리한 차이라고 한다.

그러나 이러한 차이에 대한 해석은 상황에 따라서 달라질 수 있기 때문에 일률적으로 불리한 차이는 나쁘고 유리한 차이는 좋은 것이라고 말할 수는 없다. 이러한 차이분석모형을 각 부문별로 적용되는 과정을 차례로 살펴보면 다음과 같다.

2. 판매예산의 차이분석

영업부 책임자의 성과를 평가하기 위해서 차이분석모형을 이용해 보자. 다음과 같은 예제를 갖고 영업부서의 성과를 분석한다.

예제 우리 회사의 올해 판매예산에 따르면 250개 매출량과 판매단가 12원으로 총매출액이 3,000원으로 책정되었다. 그러나 영업부서의 올해 실적을 집계한 결과 총매출액은 2,700원이었고 매출량은 270개, 판매단가는 10원이었다. 이러한 차이에 대한 분석을 해 보라.

먼저 실제매출액은 2,700원으로 목표매출액 3,000원을 달성하지 못하였으므로 총차이 300원은 불리한 차이라고 할 수 있다. 좀더 구체적인 내용을 파악하기 위해서 다음과 같이 분석한다.

(1) 10×270　　(2) 12×270　　(3) 12×250

가격차이 540(불리)　　수량차이 240(유리)

총차이 300(불리)

분석결과를 보면 판매단가를 12원에서 10원으로 낮추었기 때문에 가격차이가 불리하게 나타났는데 이는 가격결정을 담당한 사람의 책임이 된다. 그러나 판매량은 목표량 250개를 20개 초과한 270개를 달성하였기 때문에 매출담당자는 잘한 것으로 보인다.(기본모형에서의 능률차이를 여기서는 수량차이라고 부른다.)

그렇지만 매출수량의 증가가 가격인하에 기인한 것일 수도 있으므로 그 관계를 좀더 분석할 필요가 있다.

3. 제조예산의 차이분석

영업부는 이익을 올리는 이익중심점이지만 생산부는 비용을 발생시키는 원가중심점이다. 그래서 영업부서는 예산을 초과하는 실적이 좋은 것이지만 생산부의 경우에는 예산을 초과하는 실적이 좋은 것이 못된다. 원가요소별로 차이분석의 요령을 살펴보자.

재료비

생산부 책임자의 성과를 평가하기 위해서 차이분석모형을 이용해 보자. 다음과 같은 예제를 갖고 성과를 분석한다.

예제 우리 공장의 올해 제조예산에 따르면 250개 생산량에 대해서 원재료 250단위가 책정되었다. 즉, 제품 1개 생산에 원재료 1단위가 소요된다. 그리고 이 원재료의 표준단가는 10원이므로 원재료예산은 2,500원이 책정되었다.

그런데 원재료의 실제사용액을 집계해 보니 2,080원이었다. 그 내역은 원재료를 단위당 8원에 구입하여 260단위를 사용하여 250개의 제품을 생산한 것이었다.

생산부의 원재료사용에 대한 차이분석을 해 보라.

먼저 원재료 실제사용액은 2,080원으로 예산액 2,500원보다 적게 발생하였으므로 총차이 420원은 유리한 차이라고 할 수 있다. 좀더 구체적인 내용을 파악하기 위해서 다음과 같이 분석한다.

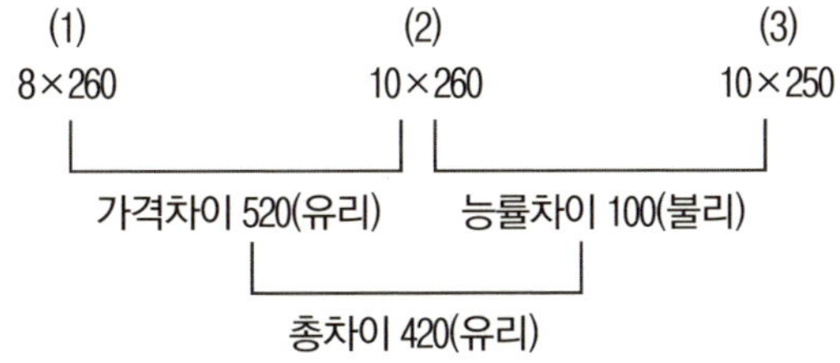

먼저 가격차이가 520원 유리하게 나타났는데 이는 원재료 단위당 10원으로 표준설정된 것을 8원에 싸게 구입한 데 기인한 것이다. 따라서 이는 자재부의 구매담당자가 잘한 것이다. 반면에 능률차이는 100원 불리하게 나타났다. 이는 생산부에서 제조활동을 비능률적으로 수행하여 원재료가 10단위만큼 과다하게 사용되었다는 의미이다.

따라서 이러한 분석결과는 구매담당자에게 높은 점수를, 생산담당자에게 낮은 점수를 주게 될 것이다. 그러나 이러한 현상이 계속된다면 다음과 같은 가능성도 검토해야 할 것이다.

첫째, 재료의 구입가격이 과다하게 책정된 것은 아닌지.

둘째, 제품단위당 소요 원재료가 지나치게 낮게 책정된 것은 아닌지.

노무비

노무비 역시 제조원가의 중요한 요소이다. 노무비와 관련된 차이분석은 다음과 같은 예제를 풀어가면서 설명한다.

> **예제** 우리 회사의 올해 생산계획에 따르면 250개 제품을 생산하면서 500시간의 작업시간이 책정되었다. 즉, 1개의 제품을 생산하는데 2시간이 소요된다. 그리고 시간당 표준임금은 15원으로 설정되어 노무비예산은 7,500원이 수립되어 있다.
>
> 그런데 250개 제품을 생산하면서 실제로 발생한 작업시간은 460시간이며 시간당 17원의 임금이 지급되었다. 이러한 자료로 노무비의 예산에 대한 차이분석을 해 보라.

노무비 실제발생액은 7,820원으로 예산액 7,500원을 초과하므로 일단 총차이 320원은 불리한 차이라고 할 수 있다. 좀더 구체적인 내용을 파악하기 위해서 다음과 같이 분석한다.

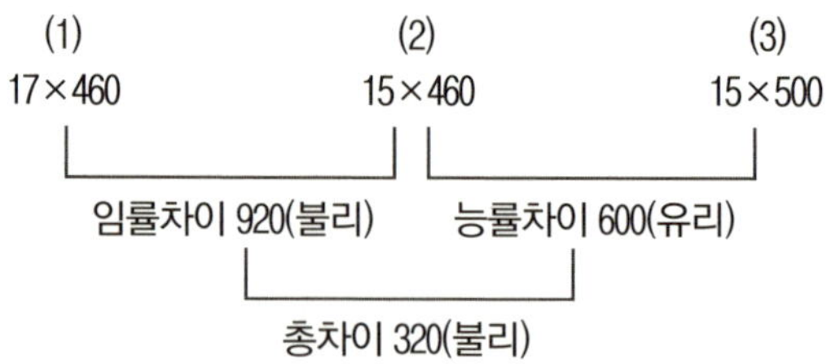

분석결과를 보면 작업시간당 임금이 15원으로 책정되어 있는데 실제

생산현장에서는 17원으로 지급되었기 때문에 임률차이(여기서는 가격이 곧 임률이기 때문에 가격차이를 임률차이라고 한다.)가 920원 불리하게 나타났다. 그렇지만 250개 제품을 생산하는 데 허용된 작업시간이 500시간인데 작업을 능률적으로 수행하여 40시간을 절감하여 능률차이는 600원 유리하게 나타났다.

이러한 결과는 인사부의 관리자가 고임금의 노동자를 잘못 배치하였지만 생산부의 관리자가 이들을 효율적으로 활용하였다고 의미를 부여할 수 있다.

경비

경비의 경우에도 수립해 놓은 예산과 실제발생액과의 차이를 분석해야 한다. 그 기본원리는 재료비, 노무비와 동일하다고 볼 수 있다. 다만 지금까지 주로 설명된 재료비와 노무비의 경우에는 대부분의 비용이 변동비인데 비해서 경비의 경우에는 고정비도 포함되기 때문에 분석방법이 좀더 복잡한 편이다. 분석목적에 따라서 여러 가지 방법을 적용할 수 있으니 보다 자세한 내용은 관리회계서적을 참조하기 바란다.

제3부

경제활동과 세무

제 9 장 조세제도의 개관
제10장 법인세
제11장 소득세
제12장 부가가치세

제9장 조세제도의 개관

제1절 조세의 의의 및 분류

1. 조세의 의의

조세란 일반적으로 "국가 또는 지방자치단체가 재정수입을 조달할 목적으로 법률에 규정된 과세요건을 충족하는 자에게 개별적이고 직접적인 보상이 없이 부과하는 금전급부"라고 정의된다. 이하 이에 대하여 상술한다.

① 조세의 부과주체는 국가 또는 지방자치단체이다. 따라서 공공단체가 공공사업에 필요한 경비를 조달하기 위하여 부과하는 공과금은 그 부과주체가 국가 또는 지방자치단체가 아니므로 조세가 아니며 보통 준조세로 불린다.

② 조세는 국가 또는 지방자치단체의 재정수입조달을 목적으로 한다. 따라서 국민의 위법행위에 대한 제재를 주된 목적으로 하는 벌금 · 과료 · 과태료 등은 조세가 아니다. 한편 조세는 재정수입조달 목적 이외에 이를 통하여 소득재분배나 효율적 자원배분과 같은 경제 · 사회정책을 달성한다는 부차적 목적도 지닌다. 오늘날에는 이러한 부차적 목적의 중요성이 점점 커지고 있다.

③ 조세는 국회에서 제정한 법률에 근거한 과세요건을 충족하는 모든 일반인에게 부과된다. 조세를 부과 · 징수함에 있어서는 법률의 근

거에 의하여야 하며 법률의 근거 없이 국민에게 조세의 납부를 요구할 수 없으며 이를 조세법률주의라고 한다. 또한 과세요건이 충족되면 당사자의 의사와 관계없이(즉 과세권자와의 합의나 계약이 필요 없이) 조세가 부과되며, 이러한 점에서 조세는 기부금과 구별된다.

④ 조세는 개별적이고 직접적인 반대급부가 없이 부과된다. 정부는 조세를 징수함으로써 국민들에게 국방 · 치안 · 사회간접자본시설 등의 서비스를 제공하지만 이는 개개의 국민이 납부한 조세에 비례하여 제공되는 것이 아니며 조세를 납부하였는지의 여부와 상관없이 제공된다. 이러한 점에서 국가나 지방자치단체가 특정용역을 제공한 것에 대한 대가로 징수하는 수수료 · 사용료 · 특허료 등은 조세가 아니다.

⑤ 조세는 금전급부를 원칙으로 하되(즉 현금으로 납부하도록 함을 원칙으로 하되), 법인세 · 상속세 · 증여세 등에서 예외적으로 물납(物納)을 인정하고 있다.

2. 조세의 분류

조세는 몇 가지 기준에 따라 다음과 같이 분류된다.

① 과세권자가 누구인가에 따라 국세와 지방세로 분류된다. 국세는 국가가 부과하는 조세로서 이는 다시 내국세와 관세로 나누어진다. 그리고 지방세는 지방자치단체가 부과하는 조세이다.

② 조세수입의 용도가 사전에 특정되어 있는가에 따라 목적세와 보통세로 분류된다. 목적세는 사전에 용도가 정해져 있는 조세로서 교육세, 농어촌특별세, 교통 · 에너지 · 환경세 등이 이에 해당한다. 보통세는 일반적 재정수요를 충당하기 위한 조세로서 소득세, 법인

세, 부가가치세, 개별소비세 등이 이에 해당하며 이들의 궁극적인 용도는 국회의 예산심의를 통하여 결정된다.

③ 조세부담의 전가여부에 따라 직접세와 간접세로 분류된다. 직접세는 법률상의 납세의무자에게 부과된 조세가 다른 사람에게 전가되지 않음으로써 법률상의 납세의무자와 실질적인 담세자가 일치할 것이 예정되어 있는 조세로서 법인세, 소득세, 상속세, 증여세 등이 이에 해당한다. 간접세는 법률상의 납세의무자에게 부과된 조세가 다른 사람에게 전가됨으로써 법률상의 납세의무자와 실질적인 담세자가 다를 것이 예정되어 있는 조세로서 부가가치세, 개별소비세, 주세, 교통 · 에너지 · 환경세, 인지세, 증권거래세 등이 이에 해당한다.

④ 납세의무자의 인적 특성이 고려되는가에 따라 인세와 물세로 분류된다. 인세는 납세의무자의 인적 측면에 중점을 둠으로써 납세의무자의 담세력에 따라 궁극적인 조세부담에 차이가 날 수 있는 조세로서 법인세, 소득세, 상속세, 증여세 등이 이에 해당한다. 물세는 과세대상인 재산이나 수익 그 자체에 초점을 둠으로써 최종적으로 세금을 부담하는 자의 담세력 차이를 감안하지 않는 조세로서 부가가치세, 개별소비세 등이 이에 해당한다.

⑤ 과세표준의 측정단위에 따라 종가세와 종량세로 분류된다. 종가세는 과세표준을 금액 단위로 측정하고 이에 대하여 적용할 세율은 비율(%)로 하는 조세를 말하며 법인세, 소득세 등이 이에 해당한다. 종량세는 과세표준을 금액 단위가 아닌 수량으로 측정하고 이에 대하여 적용할 세율은 1개당 금액으로 하는 조세를 말하며 주세, 담배소비세 등이 이에 해당한다.

⑥ 독립된 과세대상을 가지고 있는지 여부에 따라 독립세와 부가세

로 분류된다. 독립세는 독립된 과세대상을 가지고 있는 조세를 말하며 대부분의 조세가 이에 해당한다. 부가세는 독립된 과세대상이 없이 다른 조세가 부과될 때 이에 부가(附加)하여 부과되는 조세를 말하며 교육세, 지방교육세, 농어촌특별세 등이 이에 해당한다.

제2절 우리나라의 조세체계

우리나라의 조세는 10여개의 국세와 10여개의 지방세로 구성되어 있다.[11] 이들 중에서 몇 가지의 대표적인 조세에 대하여 그 개념을 간단히 설명한다.

1. 국세

(1) 법인세

법인세는 법인이 벌어들인 소득을 과세대상으로 하는 조세이다. 법인은 법률상 독립된 인격을 가지고 있어 자연인과 마찬가지로 권리 · 의무의 주체가 되므로 법인이 벌어들인 소득에 대하여 조세를 부과하는 것이다.

(2) 소득세

소득세는 개인이 벌어들인 소득에 대하여 과세하는 조세로서 소득을

11) 2016년 1월 1일 현재 국세는 14개 항목이 존재하고(내국세 13개+관세), 지방세는 11개 항목이 존재한다.

과세대상으로 한다는 점에서 법인세와 공통점을 지닌다. 엄밀한 의미에서는 개인이 벌어들인 소득을 과세대상으로 하는 조세는 개인소득세(personal income tax)로 칭하고, 법인이 벌어들인 소득을 과세대상으로 하는 조세는 법인소득세(corporate income tax)로 칭하는 것이 옳을 것이다. 그러나 우리나라에서는 편의상 개인소득세는 소득세로, 그리고 법인소득세는 법인세로 칭하고 있다.

(3) 상속세와 증여세

상속세는 재산소유자가 사망하거나 실종선고를 받음으로써 동 재산의 소유권이 이전될 경우 그 재산에 대하여 부과되는 조세이다. 증여세는 개인이 타인으로부터 재산을 무상으로 증여받은 경우 그 증여받은 자에게 부과하는 조세이다. 증여세는 재산상속에 대하여 상속세가 부과되는 것과 과세형평을 맞춤으로써 사전증여(死前贈與)를 이용한 상속세 회피를 방지하기 위한 것으로서 상속세에 대한 보완적 조세의 성격을 지닌다.

(4) 부가가치세

부가가치세는 부가가치세법상의 과세사업자가 재화 또는 용역의 생산 및 유통과정에서 창출한 부가가치를 과세대상으로 하는 조세이다. 부가가치세의 법률상 납세의무자는 사업자이지만 사업자가 납부한 부가가치세는 궁극적으로 최종소비자에게 전가되며, 이런 의미에서 부가가치세는 간접세에 해당한다.

(5) 개별소비세

개별소비세는 귀금속제품 · 고급모피 등과 같은 사치성 물품의 소비, 골프장 · 카지노와 같은 특정한 장소에의 입장행위 및 유흥장소에서의 유흥음식 행위에 대하여 부과하는 조세로서 부가가치세와 마찬가지로 간접세에 해당한다.

(6) 주세

주세는 주류제조업자가 제조한 주류를 제조장으로부터 출고하거나 또는 주류수입업자가 수입한 주류를 보세구역으로부터 반출하는 경우에 과세하는 조세로서 부가가치세나 개별소비세와 마찬가지로 간접세에 해당한다.

(7) 증권거래세

증권거래세는 주식회사의 주권 또는 합자회사 등의 사원의 지분을 양도하는 경우 양도자에게 부과하는 조세이다. 증권거래세는 대체결제회사와 증권회사가 주권 또는 지분의 양도자로부터 거래징수한다.

(8) 관세

관세는 수입물품에 대하여 수입물품의 가격 또는 수량에 관세율을 적용하여 부과 · 징수하는 조세이다.

2. 지방세

(1) 취득세

취득세는 부동산(토지와 건축물), 차량 · 기계장비 · 입목(立木) · 항공기 · 선박, 광업권 · 어업권 · 골프회원권 · 승마회원권 · 콘도미니엄회원권 · 종합체육시설이용회원권 등을 취득할 경우 취득자에게 과세하는 조세이다.

(2) 등록면허세

등록면허세는 각종 등록을 하거나 면허를 받는 자에게 그 등록 · 면허의 종류에 따라 부과되는 조세이다. 여기서 등록이란 재산권과 그 밖의 권리의 설정 · 변경 또는 소멸에 관한 사항을 공부(公簿)상에 등기하거나 등록하는 것을 말하며, 면허란 각종 법령에 규정된 면허 · 허가 · 인가 등 행정청의 행위를 말한다.

(3) 재산세

재산세는 매년 6월 1일(과세기준일) 현재 재산(토지 · 건축물 · 주택 · 선박 · 항공기)을 소유하고 있는 자에게 그 재산가치의 정도에 따라 부과하는 조세이다.

(4) 지방소비세

지방소비세는 재화와 용역을 소비하는 자의 주소지 또는 소재지를 관할하는 도(특별시 · 광역시)에서 부가가치세의 납세의무자에게 부과하는 조세로서, 국세인 부가가치세의 일부를 지방소비세로 전환하여 2010년 1월 1일 이후 부가가치세법에 따라 최초로 납부하는 분부터 부과되고

있다.[12)]

(5) 지방소득세

지방소득세는 국세인 소득세 또는 법인세 납부액의 10%에 해당하는 금액을 지방자치단체가 부과하는 조세이다.

12) 2016년 1월 1일 현재 지방소비세는 부가가치세의 11%이다.

제10장 법인세

제1절 법인세의 개념 및 특징

1. 법인세의 개념

법인세란 법인(법인으로 보는 단체 포함)이 벌어들인 소득을 과세대상으로 하는 조세이다. 과세대상으로는 소득, 소비, 재산 등이 있으며 이 중에서 소득을 과세대상으로 하는 조세를 소득세(income tax)라고 한다. 소득세는 당해 소득을 벌어들이는 주체가 법인인가 아니면 개인인가에 따라 법인소득세(corporate income tax)와 개인소득세(personal income tax)로 양분할 수 있다. 우리나라에서는 이 중에서 법인소득세를 간단히 '법인세'라고 칭하고, 개인소득세를 간단히 '소득세'라고 칭하고 있다.

2. 법인세의 특징

(1) 과세대상 소득의 범위

과세대상소득의 범위와 관련하여 법인세는 원칙적으로 순자산증가설의 입장을 취하고 있다. 따라서 법인세법에서 과세대상소득으로 열거되지 않은 항목이라도 동 항목으로 인하여 법인의 순자산이 증가하였다면 법인세법에서 특별히 규정한 일부 예외적인 항목을 제외하고는 원칙적으로 과세대상소득이 된다.

※ 과세대상소득의 범위에 대한 두 가지 견해

법인세와 소득세는 모두 소득을 과세대상으로 한다는 점에서는 동일하나 이들 사이에는 과세대상소득의 범위를 어디까지로 할 것인가와 관련하여 차이점이 존재한다. 과세대상소득의 범위를 어디까지로 할 것인가에 대한 견해로는 순자산증가설과 소득원천설이 있다.

① 순자산증가설

순자산증가설이란 특정 기간의 순자산증가액을 과세대상소득으로 보는 견해이다. 다시 말하여 기초시점의 순자산에 대비하여 기말시점의 순자산이 증가한 금액 전체를 당해 기간의 과세대상소득으로 하여야 한다는 견해로서 일명 포괄주의라고도 하며 현행 법인세법이 이러한 입장을 따르고 있다. 따라서 법인세법에서 과세대상소득으로서 열거한 항목은 단지 예시적 성격을 지닐 뿐이다. 즉 법인세법에서 과세대상소득으로 열거되지 않은 항목이라도 동 항목으로 인하여 법인의 순자산이 증가하였다면 원칙적으로 과세대상소득이 된다. 다만 순자산이 증가하였더라도 일부 항목은 법인세 과세대상에서 제외되는 바, 따라서 법인세법은 일부 열거된 항목만을 제외한 모든 순자산증가액에 대하여 과세하는 negative system의 입장을 취하고 있다.

② 소득원천설

소득원천설이란 일정한 원천으로부터 발생한 소득만을 과세대상소득으로 하여야 하며 따라서 사전에 과세대상소득의 원천으로서 규정하지 않은 다른 원천에서 생긴 소득에 대하여는 과세하지 말아야 한다는 견해이다. 이러한 입장에서는 과세대상소득을 일일이 열거하는 방식을 따르게 되며 따라서 소득원천설을 일명 열거주의라고도 한다. 현행의 소득세법이 이러한 입장을 취하고 있는데, 이는 법인과 달리 개인의 경우에는 모든 순자산증가 내역을 정부가 파악하고자 할 경우 막대한 행정비용이 수반됨과 아울러 개인의 사생활을 지나치게 침해하는 등의 문제점이 있기 때문인 것으로 보인다. 요컨대 소득세법은 과세대상 소득의 범위를 한정적으로 열거하는 positive system의 입장을 취하고 있으며 따라서 사전에 열거되지 않은 원천으로부터 발생한 소득은 소득세의 과세대상에서 제외된다.

(2) 기타의 특징

① 납세의무를 확정함에 있어서 신고납세방식을 따른다. 즉 납세의무자인 법인이 스스로 과세표준과 세액을 신고함으로써 납세의무가 1차적으로 확정되며, 신고를 하지 않거나 신고내용에 잘못이 있을 경우에 정부가 2차적으로 납세의무를 확정한다.

② 법인의 사업연도를 단위로 과세소득을 집계하여 과세하는 기간단위 과세를 따르며 따라서 법인의 사업연도 종료일이 납세의무의 성립일이 된다.

③ 납세자와 담세자가 일치하는(즉 조세부담의 전가가 예정되어 있지 않은) 직접세이다.

④ 과세권자가 국가인 국세이며, 법인의 본점 또는 주사무소를 납세지로 한다.

제2절 법인세의 계산절차

1. 법인세 계산절차의 전체적 구조

법인세 과세대상소득의 집계로부터 시작하여 확정신고시 납부할 세액을 계산하까지의 절차에 대한 전체적 구조를 요약하여 나타내면 다음과 같다.

회계상의 당기순이익

(+) 익금산입 · 손금불산입

(-) 손금산입 · 익금불산입

= 각사업연도소득금액

(-) 이월결손금 : 과거 사업연도에 발생한 결손금

(-) 비과세소득 : 법인세법 및 조세특례제한법상의 비과세소득

(-) 소득공제 : 법인세법 및 조세특례제한법상의 소득공제

= 과세표준

(×) 법인세율

= 산출세액

(-) 세액공제 : 법인세법 및 조세특례제한법상의 세액공제

(-) 세액감면 : 조세특례제한법상의 세액감면

(+) 가산세 : 무신고가산세, 미납부가산세 등

= 총부담세액

(-) 기납부세액 : 원천징수세액, 중간예납세액, 수시부과세액

= 확정신고시 납부할 세액

<그림 10.1> 법인세 계산절차의 전체적 구조

2. 각사업연도소득금액의 계산

각사업연도소득금액이란 익금총액에서 손금총액을 차감한 것이다. 여기서 익금이란 자본 · 출자의 납입 등과 같은 몇 가지 익금불산입 항목을 제외하고 당해 법인의 순자산을 증가시키는 거래로 인하여 발생하는 수익의 금액을 말하며, 손금이란 자본 · 출자의 환급 등과 같은 몇 가지 손금불산입 항목을 제외하고 당해 법인의 순자산을 감소시키는 거래로 인하여 발생하는 손비의 금액을 말한다.

결국 각사업연도소득금액이란 몇 가지의 익금불산입 및 손금불산입 항목을 제외한 법인의 순자산증가액을 의미하며, 이는 수익에서 비용을 차감함으로써 구한 회계상의 당기순이익과 유사하다. 따라서 각사업연도소득금액은 개념상 익금총액에서 손금총액을 차감한 것이지만, 실제로는 회계상의 당기순이익을 출발점으로 하여 이것과 각사업연도소득금액 사이의 차이만을 가감조정함으로써 각사업연도소득금액을 구하게 된다.

이처럼 회계상의 당기순이익과 법인세법상의 각사업연도소득금액 사이의 차이를 가감조정하는 것을 '세무조정'이라고 한다. 회계상의 당기순이익으로부터 각사업연도소득금액을 구하는 세무조정의 절차를 제시하면 다음과 같다.

당기순이익	세 무 조 정		각사업연도소득금액
수 익	(+) 익금산입 (−) 익금불산입	=	익 금 총 액
(−)			(−)
비 용	(+) 손금산입 (−) 손금불산입	=	손 금 총 액
=			=
당기순이익	(+) 익금산입 및 손금불산입 (−) 손금산입 및 익금불산입	=	각사업연도소득금액

<그림 10.2> 세무조정의 절차

위에서 익금산입이란 회계상 수익으로 계상되어 있지는 않으나 법인세법상 익금에 해당하는 항목의 금액을 수익에 가산하는 것을 의미하고, 익금불산입이란 회계상 수익으로 계상되어 있으나 법인세법상 익금에 해당하지 않는 항목의 금액을 수익에서 차감하는 것을 의미한다. 그리고 손금산입이란 회계상 비용으로 계상되어 있지는 않으나 법인세법상 손금에 해당하는 항목의 금액을 비용에 가산하는 것을 의미하고, 손금불산입이란 회계상 비용으로 계상되어 있으나 법인세법상 손금에 해당하지 않는 항목의 금액을 비용에서 차감하는 것을 의미한다.

여기서 익금산입과 손금불산입은 모두 회계상의 당기순이익보다 각사업연도소득금액이 더 크도록 만드는 세무조정이라는 점에서 동일한 것이며 따라서 양자의 구별은 사실상 그다지 중요하지 않다. 또한 손금산입과 익금불산입은 모두 회계상의 당기순이익보다 각사업연도소득금액이 더 작도록 만드는 세무조정이라는 점에서 동일한 것이며 따라서 이들 양자의 구별도 사실상 별 의미가 없다. 결과적으로 각사업연도소득금액은 회계상의 당기순이익에 익금산입과 손금불산입 금액을 가산하고 손금산입과 익금불산입 금액을 차감함으로써 구하게 된다.

3. 확정신고시 납부할 세액의 계산

각사업연도소득금액을 구하고 나면 앞서 제시한 법인세 계산절차의 전체적 구조에 따라 과세표준, 산출세액, 총부담세액 및 확정신고시 납부할 세액을 순차적으로 구하게 되는 바 이하 이들에 대하여 간략히 설명한다.

(1) 과세표준

각사업연도소득금액의 범위 안에서 이월결손금과 비과세소득 및 소득공제를 순차적으로 공제함으로써 법인세과세표준을 구한다.

① **이월결손금**

어떤 사업연도의 손금총액이 익금총액을 초과할 경우 그 초과하는 금액을 결손금이라 한다. 이처럼 과거 사업연도에 발생한 결손금으로서 그 이후 사업연도의 과세표준을 계산함에 있어서 공제되지 아니하고 남아 있는 금액은 당해 사업연도의 소득금액의 범위 안에서 이를 공제한다.

② **비과세소득**

비과세소득이란 각사업연도소득금액에 포함되어 있는 소득 중에서 정부가 사회 · 경제적 정책을 달성하려는 목적상 과세권을 포기한 소득을 말한다. 이와 같은 비과세소득은 각사업연도소득금액에서 이월결손금을 공제하고 남은 금액을 한도로 하여 공제된다.

③ **소득공제**

소득공제란 조세정책상 일정한 산식에 따라 계산된 금액을 소득금액에서 공제해주는 것을 말한다. 이와 같은 소득공제는 각사업연도소득금액에서 이월결손금과 비과세소득을 공제하고 남은 금액을 한도로 하여 적용된다.

(2) 산출세액

법인세과세표준에 법인세율을 곱함으로써 법인세산출세액을 구한다. 이때 법인세율은 과세표준이 높을수록 커지는 누진세율의 구조를 취한다.[13)]

13) 2016년 1월 1일 현재 법인세율의 구조는 다음과 같다.

- 과세표준 2억원 이하분 : 10%
- 과세표준 2억원 초과 및 200억원 이하분 : 20%
- 과세표준 200억원 초과분 : 22%

(3) 총부담세액

산출세액에서 세액공제와 세액감면을 차감하고 가산세를 가산함으로써 총부담세액을 구하며, 이는 말 그대로 법인이 특정 사업연도에 궁극적으로 부담하게 되는 총세액을 의미한다. 여기서 세액공제란 조세정책 달성을 위한 목적상 산출세액에서 일정한 금액을 공제하는 것을 말하고, 세액감면이란 특정한 소득으로부터 발생한 법인세의 전부를 면제해주거나 또는 일부를 감면해주는 것을 말한다. 그리고 가산세란 세법에 규정하는 각종 의무를 성실히 이행하지 않을 경우 산출세액에 가산하여 징수하는 벌과금적 성격의 금액을 말한다.

(4) 확정신고시 납부할 세액

앞에서 구한 총부담세액 중에서 일부는 사업연도 중에 원천징수나 중간예납 또는 수시부과를 통하여 이미 납부가 이루어지게 된다. 따라서 법인세 확정신고시에는 총부담세액에서 기납부세액(원천징수세액, 중간예납세액, 수시부과세액)을 차감한 금액만을 납부하게 된다.

4. 법인세 납부세액 계산의 예제

가나기업의 제3기(20××.1.1.~12.31.) 사업연도 법인세신고와 관련한 다음의 자료를 토대로 하여 제3기 법인세 확정신고시 납부할 세액을 구하라.

(1) 제3기의 손익계산서는 다음과 같다.(단위 : 원)

매출액	410,000,000
매출원가	160,000,000
매출총이익	250,000,000
판매비 및 관리비	20,000,000
영업이익	230,000,000
영업외수익	12,000,000
영업외비용	7,000,000
법인세비용차감전순이익	235,000,000
법인세비용	5,000,000
당기순이익	230,000,000

(2) 법인세 계산과 관련한 기타 자료는 다음과 같다.

① 손익계산서상의 판매비와 관리비에는 접대비지출액 4,000,000원이 포함되어 있는데, 동 금액 중에서 1,500,000원은 세무상 한도초과액으로서 손금에 산입되지 않는다.

② 손익계산서상의 판매비와 관리비에는 사장 개인의 사적인 여행경비 2,000,000원이 포함되어 있으며 이는 손금에 산입되지 않는다.

③ 손익계산서상의 판매비와 관리비에는 건물에 대한 감가상각비 2,000,000원이 포함되어 있는데, 동 금액 중에서 100,000원은 세무상의 상각범위액을 초과함으로써 손금에 산입되지 않는다.

④ 손익계산서상의 영업외수익에는 자산의 임의평가차익 800,000원이 포함되어 있으며 이는 익금에 산입되지 않는다.

⑤ 제3기에 자기주식처분손실 200,000원이 발생하였다. 이는 세무상 손금에 산입되는 것인데 기업회계기준을 준수하기 위하여 이를 수익으로 계상하지 않았다.

⑥ 손익계산서상의 영업외수익에는 법인세법상 비과세소득에 해당하는 500,000원이 포함되어 있다.

⑦ 제2기에 발생한 세무상 결손금 15,000,000원이 남아 있다.

⑧ 법인세법에 따라 제3기에 300,000원의 투자세액공제가 적용된다.

⑨ 법인세법상의 의무를 제대로 이행하지 않음으로 인하여 제3기에 부담할 가산세는 400,000원이다.

⑩ 손익계산서상의 법인세비용은 원천징수세액 및 중간예납세액이다.

⑪ 법인세율은 과세표준 2억원 이하분에 대하여는 10%이고 과세표준 2억원 초과분에 대하여는 20%인 것으로 가정한다.

풀이

(1) 각사업연도소득금액의 계산

법인세비용차감전순이익		235,000,000
익금산입 및 손금불산입 :		
• 접대비 한도초과액	1,500,000	
• 사장 개인의 여행경비	2,000,000	
• 감가상각비 한도초과액	100,000	3,600,000
익금불산입 및 손금산입 :		
• 자산의 임의평가차익	800,000	
• 자기주식처분손실	200,000	1,000,000
각사업연도소득금액		237,600,000

(2) 확정신고시 납부할 세액의 계산

① 과세표준 = 각사업연도소득금액-이월결손금-비과세소득-소득공제
= 237,600,000-15,000,000-500,000-0 = 222,100,000

② 산출세액 = (200,000,000×10%)+(22,100,000×20%) = 24,420,000

③ 총부담세액 = 산출세액-세액공제-세액감면+가산세
= 24,420,000-300,000-0+400,000 = 24,520,000

④ 확정신고시 납부할 세액 = 총부담세액-기납부세액
= 24,520,000-5,000,000 = 19,520,000

제11장 소득세

제1절 소득세의 개념 및 특징

1. 소득세의 개념

소득세란 개인이 벌어들인 소득을 과세대상으로 하는 조세이다. 과세대상으로는 소득, 소비, 재산 등이 있으며 이 중에서 소득을 과세대상으로 하는 조세를 소득세(income tax)라고 한다. 소득세는 당해 소득을 벌어들이는 주체가 법인인가 아니면 개인인가에 따라 법인소득세(corporate income tax)와 개인소득세(personal income tax)로 양분할 수 있다. 우리나라에서는 이중에서 법인소득세를 간단히 '법인세'라고 칭하고 개인소득세를 간단히 '소득세'라고 칭하고 있다.

2. 소득세의 특징

(1) 과세대상소득의 범위

과세대상소득의 범위와 관련하여 소득세는 원칙적으로 소득원천설의 입장을 취하고 있다.[14] 따라서 특정한 소득원천으로부터 발생하는 것으로서 소득세법에 열거된 소득에 대하여만 과세하며 열거되지 아니한 소

14) 과세대상소득의 범위와 관련하여 소득원천설 및 순자산증가설에 대하여는 앞장에서 설명하였다.

득에 대하여는 과세하지 아니한다. 다시 말하여 열거주의를 따르고 있다. 다만 이자소득과 배당소득에 대하여는 유형별 포괄주의를 채택하고 있다. 유형별 포괄주의란 과세대상으로 열거한 것과 유사한 것이라면 구체적으로 열거되어 있지 않더라도 과세하는 것을 말한다.

열거주의에 의하면 사회의 변화발전에 따라 새로이 발생하는 신종(新種)소득을 완전히 포착하여 과세하는 것이 불가능하게 된다. 그러나 모든 소득에 대하여 포괄주의를 채택하게 되면 과세소득의 파악을 위하여 납세의무자 개인의 사생활을 지나치게 침해하게 되는 등의 문제점이 있게 된다. 따라서 열거주의와 포괄주의를 절충하는 선에서 신종소득에 대한 과세문제가 다수 제기되는 이자소득과 배당소득에 한하여 유형별 포괄주의를 채택하고 있다.

(2) 종합과세, 분리과세 및 분류과세

소득세는 담세력에 상응한 과세를 달성하기 위하여 모든 종류의 소득을 종합적으로 합산하여 과세함을 원칙으로 하는데 이를 종합과세라고 한다. 다만 특정한 소득에 대하여는 조세정책적인 차원에서 분리과세하거나 분류과세하고 있는 바 이하 이에 대하여 알아본다.

① 분류과세

분류과세란 모든 소득을 종합소득 · 퇴직소득 · 양도소득의 3가지로 구분하고 이들 3가지를 각각 따로따로 분류하여 과세하는 것을 말한다. 따라서 예컨대 종합소득의 크기가 얼마나 되는가 하는 것은 퇴직소득에 대한 소득세의 계산에 전혀 영향을 미치지 않는다. 분류과세 제도를 두고 있는 것은 퇴직소득과 양도소득의 경우에 발생하는 결집효과(bunching effect)를 해소하기 위한 데 있다.

퇴직소득이란 근로자가 퇴직함에 따라 발생하는 소득을 말하고, 양도소득이란 토지 또는 건물과 부동산에 관한 권리 등을 양도함으로써 발생하는 소득을 말한다. 이들은 장기간에 걸쳐 집적된 소득이 일시에 실현되는 바 이런 상황에서 이들 소득을 다른 소득과 합산하여 누진세율을 적용하면 이들 소득에 대한 조세부담이 실질적인 담세력에 비하여 과중하게 된다. 따라서 이러한 점을 감안하여 퇴직소득과 양도소득의 경우에는 종합소득과 구분하여 각각의 소득별로 따로따로 세액을 계산하도록 하고 있는데 이를 분류과세라고 한다.

② 종합과세

종합과세란 분류과세되는 퇴직소득과 양도소득 이외의 소득을 모두 합산한 소득에 대하여 누진세율을 적용하여 과세하는 것을 말한다. 종합과세의 기본취지는 소득이 많은 사람에게는 높은 세율을 적용하고 소득이 적은 사람에게는 낮은 세율을 적용함으로써 담세력에 상응한 과세를 달성하도록 함에 있다.

현행 세법상 퇴직소득과 양도소득 이외의 소득은 이자소득 · 배당소득 · 사업소득 · 근로소득 · 연금소득 · 기타소득의 6가지로 구분되는 바, 이들 6가지 소득은 각각 당해 소득금액을 계산하는 방식이 모두 상이함에도 불구하고 일단 개별 소득금액이 계산되고 나면 이들은 모두 합산되며 이처럼 합산된 금액에 대하여 단일의 누진세율을 적용함으로써 세액을 산정함이 원칙이다. 즉 이러한 6가지 소득은 합산하여 종합과세함이 원칙이며 이러한 의미에서 이들 6가지 소득을 총칭하여 종합소득이라고 한다.

③ 분리과세

분리과세란 이자소득 · 배당소득 · 근로소득 · 연금소득 · 기타소득 중에서 특정한 항목(예컨대 비실명 이자 · 배당소득, 일용근로소득, 소액연금소득, 복권당첨소득 등)에 대하여 원천징수로써 납세의무를 종결시키는 것을 말한다. 분리과세 제도가 존재하는 것은 조세정책적인 차원에서 특정소득에 대한 조세부담을 무겁게 하거나 가볍게 할 필요가 있기 때문이다.

현행 누진세율 구조 하에서 종합과세를 할 경우에는 특정소득에 대하여 궁극적으로 부담하는 세금이 얼마인지가 다른 소득과 합산한 종합소득이 얼마인가에 따라 달라질 수 있는 반면, 분리과세를 할 경우에는 원천징수세율에 상당한 세금만을 부담하게 된다. 따라서 분리과세를 할 경우에는 특정 소득항목별로 원천징수세율을 달리 함으로써 당해 소득에 대한 조세부담을 무겁거나 가볍게 할 수 있게 되는 것이다.

(3) 개인단위 과세제도

종합과세를 함에 있어서 소득을 합산하는 인적 단위를 과세단위라고 하며, 과세단위로서 생각할 수 있는 것은 개인단위와 부부단위 및 세대단위의 3가지가 있다. 누진세율 구조 하에서는 소득금액이 동일하더라도 과세단위를 어떻게 설정하는가에 따라 최종적인 조세부담액이 상이하게 되며 따라서 과세단위의 설정은 상당히 중요한 사항이다. 우리나라의 소득세는 개인단위로 과세함을 원칙으로 한다. 즉 부부나 가족의 소득을 합산하여 과세하지 않고 각각의 개인별로 따로따로 소득세를 과세함을 원칙으로 하는 바, 이는 조세제도가 결혼에 대하여 중립성을 유지하도록 하기 위한 것이다.

(4) 담세력에 상응한 과세

소득세는 개인의 소득에 대하여 과세하는 조세이며 따라서 소득세와 마찬가지로 소득을 과세대상으로 하는 조세인 법인세의 경우에 비하여 소득세에서는 담세력에 상응한 과세 및 이를 통한 소득재분배 기능이 매우 중요시된다. 이에 따라 소득세법은 다음과 같은 제도를 두고 있다.

① 과세표준의 크기에 따라 보다 세분화되고 강한 초과누진세율을 채택함으로써 소득이 많은 사람이 상대적으로 더 많은 조세부담을 하도록 하고 있다.[15)]

② 소득이 동일하다 하더라도 부양가족 수와 같은 개인별 인적 사정이 다르면 실질적인 담세력이 달라지게 된다. 따라서 소득세법은 소득공제 제도를 둠으로써 개인별 담세력의 차이를 감안한 과세가 이루어지도록 하고 있다.

③ 소득의 종류별로 소득의 크기가 동일하다 하더라도 이들 소득의 종류별로 실질적 담세력이 상이함이 보통이며, 따라서 소득세법은 소득의 종류별로 차별적인 과세를 함으로써 궁극적으로 부담하는 조세가 달라지도록 하고 있다.

(5) 광범위한 원천징수

소득세의 납세의무자는 개인으로서 그 수가 대단히 많으며 따라서 과세당국이 이들을 개별적으로 상대하려면 행정비용이 과다하게 발생한다. 이러한 상황에서 행정비용을 최소화하면서 세원의 탈루를 최소화하기 위하여 소득세법에서는 원천징수 제도를 광범위하게 활용하고 있다.

원천징수(tax withholding)란 소득을 지급하는 자가 소득을 지급하면서

---

15) 2016년 1월 1일 현재 6%~38%의 5단계 초과누진세율을 따르고 있다.

그 지급받는 자가 부담할 조세의 전부 또는 일부를 징수하여 정부에 납부하는 제도를 말한다. 즉 소득을 지급하는 자가 당해 소득에 대한 원천징수세액을 차감한 잔액만을 지급받는 자에게 지급하고 당해 원천징수세액은 정부에 납부하는 것을 말한다. 이러한 원천징수를 통하여 정부는 소득을 지급받는 개인의 소득상황을 파악할 수 있고 결과적으로 세원탈루의 방지 및 조세수입확보를 달성하게 된다.

(6) 기타의 특징

① 납세의무를 확정함에 있어서 신고납세방식을 따른다. 즉 납세의무자인 개인이 과세표준과 세액을 신고함으로써 납세의무가 1차적으로 확정되며, 신고를 하지 않거나 신고내용에 잘못이 있을 경우에 정부가 2차적으로 납세의무를 확정한다.

② 매년 1월 1일부터 12월 31일까지의 기간에 대한 과세소득을 집계하여 과세하는 기간단위과세를 따르며, 따라서 동 기간의 종료일인 12월 31일이 납세의무의 성립일이 된다.

③ 납세자와 담세자가 일치하는(즉 조세부담의 전가가 예정되어 있지 않은) 직접세이다.

④ 과세권자가 국가인 국세이며, 납세의무자인 개인의 주소지(또는 거소지)를 원칙적인 납세지로 한다.

제2절 종합소득세의 계산구조 및 절차

1. 종합소득세 계산절차의 전체적 구조

종합소득세 과세대상소득의 집계로부터 시작하여 확정신고시 납부할 세액을 계산하기까지의 절차에 대한 전체적 구조를 요약하여 나타내면 다음과 같다.

이자소득 총수입금액	배당소득 총수입금액	사업소득 총수입금액	근로소득 총수입금액	연금소득 총수입금액	기타소득 총수입금액
		(−)필요경비	(−)근로소득공제	(−)연금소득공제	(−)필요경비
이자소득금액	배당소득금액	사업소득금액	근로소득금액	연금소득금액	기타소득금액

종합소득금액
(−) 종합소득공제
= 종합소득과세표준
(×) 기본세율
= 종합소득산출세액
(−) 세액공제, 세액감면 (+) 가산세
= 종합소득총결정세액
(−) 기납부세액(중간예납세액, 원천징수세액, 예정신고납부세액, 수시부과세액)
= 확정신고시 납부할 세액

〈그림 11.1〉 종합소득세 계산절차의 전체적 구조

2. 종합소득금액의 계산

다음에 제시하는 바와 같이 이자소득, 배당소득, 사업소득, 근로소득, 연금소득, 기타소득의 6가지 소득종류별로 각각의 소득금액을 구하고 이들 6가지의 소득금액을 모두 합산함으로써 종합소득금액을 구한다.

① 이자소득금액

이자소득이란 자금을 대여한 대가로 받는 소득을 말한다. 이러한 이자소득 중에서 비과세 대상인 것과 분리과세 대상인 것을 제외한 것을 이자소득총수입금액이라 한다. 이자소득의 경우에는 필요경비의 공제가 인정되지 않으며, 따라서 이자소득총수입금액이 곧 이자소득금액이 된다.

② 배당소득금액

배당소득이란 법인의 주식이나 출자지분을 보유함으로써 얻게 되는 소득을 말한다. 이러한 배당소득 중에서 비과세 대상인 것과 분리과세 대상인 것을 제외한 것을 배당소득총수입금액이라 한다. 이자소득의 경우와 마찬가지로 배당소득의 경우에도 필요경비의 공제가 인정되지 않으며, 따라서 배당소득총수입금액이 곧 배당소득금액이 된다.[16)]

③ 사업소득금액

사업소득이란 사업(독립적 · 계속적 · 반복적으로 재화나 용역을 타인에게 제공하는 활동을 말함)으로부터 얻는 경제적 이익을 말한다. 이러한 사업소득 중에서 비과세 대상인 것을 제외한 것을 사업소득총수입금액이라 한

---

16) 엄밀한 의미에서는 배당소득총수입금액에 '배당소득에 대한 gross-up 금액'을 가산한 금액이 배당소득금액이다. 그러나 배당소득에 대한 gross-up은 본서의 범위를 넘어서는 것이며, 따라서 이에 대한 자세한 설명은 생략한다.

다.[17] 이처럼 구한 사업소득총수입금액에서 사업소득에 대한 필요경비를 공제함으로써 사업소득금액을 구한다.

④ 근로소득금액

근로소득이란 근로계약에 의하여 비독립적으로 근로를 제공한 대가로 얻는 소득을 말한다. 이러한 근로소득 중에서 비과세 대상인 것과 분리과세 대상인 것을 제외한 것을 근로소득총수입금액이라 한다. 이처럼 구한 근로소득총수입금액에서 근로소득공제를 차감함으로써 근로소득금액을 구한다. 근로소득의 경우에는 근로소득을 얻기 위하여 실제로 소요된 필요경비를 확인하기가 곤란하므로 세법에서 정한 일정한 산식에 따라 계산된 금액을 필요경비로서 공제하는데 이것이 근로소득공제이다.

⑤ 연금소득금액

연금이란 노후생활에 대비할 목적으로 사용자 또는 사용인 등이 연금관리기관에 기여금을 불입하고 퇴직후 또는 일정한 기간이 경과한 후부터 계약기간까지 또는 사망시까지 약정된 금액을 정기적으로 지급받도록 하는 일종의 사회보장제도를 말하며, 이러한 연금으로부터 지급받는 소득을 연금소득이라 한다. 이러한 연금소득 중에서 비과세 대상인 것과 분리과세 대상인 것을 제외한 것을 연금소득총수입금액이라 한다. 이처럼 구한 연금소득총수입금액에서 연금소득공제를 차감함으로써 연금소득금액을 구한다. 연금소득공제란 근로소득공제와 마찬가지로 세법에서 정한 일정한 산식에 따라 계산된 금액을 필요경비로서 공제하는 것을 말한다.

---

17) 사업소득의 경우에는 분리과세 대상이 없다.

⑥ **기타소득금액**

기타소득이란 이자소득 · 배당소득 · 사업소득 · 근로소득 · 연금소득 · 퇴직소득 · 양도소득 이외의 소득으로서 세법에 과세대상으로 열거되어 있는 소득을 말한다. 이러한 기타소득 중에서 비과세 대상인 것과 분리과세 대상인 것을 제외한 것을 기타소득총수입금액이라 한다. 이처럼 구한 기타소득총수입금액에서 기타소득에 대한 필요경비를 공제함으로써 기타소득금액을 구한다.

3. 확정신고시 납부할 세액의 계산

종합소득금액을 구하고 나면 앞서 제시한 종합소득세 계산절차의 전체적 구조에 따라 과세표준, 산출세액, 총결정세액 및 확정신고시 납부할 세액을 순차적으로 구하게 되는 바 이하 이들에 대하여 간략히 설명한다.

(1) 과세표준

앞에서 구한 종합소득금액에서 종합소득공제를 차감함으로써 종합소득과세표준을 구한다. 여기서 종합소득공제란 인적공제(소득이 있는 당해 개인 본인과 그의 배우자 및 부양가족에 대하여 1명당 세법이 정한 금액을 공제해주는 것)와 물적공제(소득이 있는 당해 개인이 지출한 건강보험료, 공적연금보험료 등을 공제해주는 것)를 의미한다.

(2) 산출세액

종합소득과세표준에 소득세 기본세율을 곱함으로써 종합소득산출세액을 구한다. 이때 소득세 기본세율은 과세표준이 높을수록 커지는 누진

세율의 구조를 취한다.[18)]

(3) 총결정세액

종합소득산출세액에서 세액공제와 세액감면을 차감하고 가산세를 가산함으로써 종합소득총결정세액을 구하며, 이는 말 그대로 개인이 특정 연도에 궁극적으로 부담하게 되는 총체적인 종합소득세액을 의미한다. 여기서 세액공제란 조세정책 달성을 위한 목적상 산출세액에서 일정한 금액을 공제하는 것을 말하고, 세액감면이란 특정한 소득으로부터 발생한 소득세의 전부를 면제해주거나 또는 일부를 감면해주는 것을 말한다. 그리고 가산세란 세법에 규정하는 각종 의무를 성실히 이행하지 않을 경우 산출세액에 가산하여 징수하는 벌과금적 성격의 금액을 말한다.

(4) 확정신고시 납부할 세액

앞에서 구한 종합소득총결정세액 중에서 일부는 연도 중에 원천징수, 중간예납, 예정신고납부 또는 수시부과를 통하여 이미 납부가 이루어지게 된다. 따라서 종합소득세 확정신고시에는 종합소득총결정세액에서 기납부세액(원천징수세액, 중간예납세액, 예정신고납부세액, 수시부과세액)을 차감한 금액만을 납부하게 된다.

---

18) 2016년 1월 1일 현재 소득세 기본세율의 구조는 다음과 같다.

- 과세표준 1,200만원 이하분 : 6%
- 과세표준 1,200만원 초과 4,600만원 이하분 : 15%
- 과세표준 4,600만원 초과 8,800만원 이하분 : 24%
- 과세표준 8,800만원 초과 1억 5천만원 이하분 : 35%
- 과세표준 1억 5천만원 초과분 : 38%

4. 종합소득세 납부세액 계산의 예제

홍길동씨의 20XX 연도의 종합소득세 신고와 관련한 다음의 자료를 토대로 하여 20XX 연도의 종합소득세 확정신고시 납부할 세액을 구하라.

(1) 20XX 연도에 홍길동씨가 벌어들인 소득의 내역은 다음과 같다.

소득종류	비과세 대상	분리과세 대상	종합과세 대상	총계
이자소득	10,000,000원	20,000,000원	30,000,000원	60,000,000원
사업소득	0원	n/a	90,000,000원	90,000,000원
근로소득	3,000,000원	0원	70,000,000원	73,000,000원
기타소득	5,000,000원	22,000,000원	60,000,000원	87,000,000원
총계	18,000,000원	42,000,000원	250,000,000원	310,000,000원

(2) 종합소득세 계산과 관련하여 다음과 같은 가정을 한다.

① 각 소득종류별로 필요경비공제 또는 근로소득공제는 총수입금액의 20%이다.

② 소득세 과세대상이 되는 모든 소득은 원천징수의 대상이며 이때 원천징수 세율은 15%이다.

③ 종합소득공제는 인적공제 10,000,000원과 물적공제 12,000,000원이다.

④ 소득세율은 과세표준 3천만원 이하분에 대하여는 10%이고, 과세표준 3천만원 초과 8천만원 이하분에 대하여는 20%이고, 과세표준 8천만원 초과분에 대하여는 30%이다.

⑤ 중간예납세액 2,000,000원이 있다.

⑥ 소득세법에 따라 20XX 연도에 1,000,000원의 세액공제가 적용되며, 소득세법상의 의무를 제대로 이행하지 않음으로 인하여 부담할 가산세는 500,000원이다.

풀이

(1) 종합소득금액의 계산

- 이자소득금액 = 이자소득총수입금액 = 30,000,000
- 사업소득금액 = 사업소득총수입금액 - 필요경비
  = 90,000,000−(90,000,000×20%) = 72,000,000
- 근로소득금액 = 근로소득총수입금액 - 근로소득공제
  = 70,000,000−(70,000,000×20%) = 56,000,000
- 기타소득금액 = 기타소득총수입금액 - 필요경비
  = 60,000,000−(60,000,000×20%) = 48,000,000

종합소득금액 = 이자소득금액+사업소득금액+근로소득금액+기타소득금액
= 30,000,000+72,000,000+56,000,000+48,000,000
= 206,000,000

(2) 확정신고시 납부할 세액의 계산

① 과세표준 = 종합소득금액−종합소득공제
= 206,000,000−(10,000,000+12,000,000) = 184,000,000

② 산출세액 = (30,000,000×10%)+(50,000,000×20%)+(104,000,000×30%)
= 44,200,000

③ 총결정세액 = 산출세액−세액공제−세액감면+가산세
= 44,200,000−1,000,000−0+500,000 = 43,700,000

④ 확정신고시 납부할 세액 = 총부담세액−기납부세액
= 43,700,000−(250,000,000×15%+2,000,000)
= 4,200,000

제12장 부가가치세

제1절 부가가치세의 개념 및 특징

1. 부가가치세의 개념

사업자는 타인으로부터 재화나 용역을 구입하고 이를 활용하여 생산한 재화나 용역을 타인에게 판매하는데, 이때 이러한 재화나 용역의 생산 및 유통의 각 단계에서 부가된 가치를 부가가치(value added)라고 한다. 즉 부가가치란 재화나 용역의 생산 및 유통의 각 단계에서 판매된 재화나 용역의 가액에서 동 단계의 생산에서 사용된 투입물의 가액을 차감한 것이다. 부가가치세(value added tax : VAT)란 이처럼 사업자가 생산 및 유통의 각 단계에서 창출한 부가가치를 과세대상으로 하는 국세이다.

2. 전단계세액공제법과 소비지국과세원칙

(1) 전단계세액공제법

① 의의

전단계세액공제법이란 각 단계별 사업자가 납부할 부가가치세를 계산함에 있어서 오늘날 우리나라를 비롯한 대부분의 나라에서 사용하는 방법을 말한다. 전단계세액공제법에서는 사업자가 타인에게 재화나 용역을 공급할 때 공급받는 자(즉 매입자)로부터 매출세액(매출액×부가가치세율)을 거래징수하고 이렇게 거래징수한 매출세액에서 자신이 다른 사업자로부터 재화나 용역을 공급받으면서 거래징수당한 매입세액(매입액×부가가치세율)을 차감한 잔액을 정부에 납부한다. 이렇게 함으로써 각 사업자 단계마다 다단계에 걸쳐서 부가가치세를 납부하게 되며 이처럼 각 단계별 사업자가 납부한 부가가치세의 실질적 부담이 최종소비자에게로 전가된다.

② 전단계세액공제법에 의한 부가가치세액 계산의 예시

다음에 제시하는 바와 같이 원료생산업자가 생산한 원료를 공급받은 제품제조업자가 제품을 생산하고 이렇게 생산된 제품이 도소매업자를 거쳐 최종소비자에게 판매되는 상황에서 부가가치세율이 10%라고 가정할 때 이들 각 단계 사업자별로 부가가치세 매출세액, 매입세액 및 납부세액을 예시하면 다음과 같다.

	매출액 (a)	매입액 (b)	부가가치 (a)-(b)	매출세액 (c)=(a)×10%	매입세액 (d)=(b)×10%	납부세액 (c)-(d)
원료생산업자	1,000		1,000	100		100
제품제조업자	5,000	1,000	4,000	500	100	400
도소매업자	7,000	5,000	2,000	700	500	200
최종소비자	-	7,000	-		700	-
합계			7,000			700

- 원료생산업자는 생산한 원료를 제품제조업자에게 1,000원에 매출하고 이에 대한 매출세액 100원을 가산한 총 1,100원을 수령한다. 그리고 100원의 부가가치세를 납부한다.
- 제품제조업자는 매입한 원료를 가공하여 제조한 제품을 도소매업

자에게 5,000원에 매출하고 이에 대한 매출세액 500원을 가산한 총 5,500원을 수령한다. 그리고 매출세액 500원에서 매입세액 100원을 차감한 400원을 부가가치세로서 납부한다.

- 도소매업자는 제품제조업자로부터 매입한 제품을 최종소비자에게 7,000원에 매출하고 이에 대한 매출세액 700원을 가산한 총 7,700원을 수령한다. 그리고 매출세액 700원에서 매입세액 500원을 차감한 200원을 부가가치세로서 납부한다.
- 최종소비자는 사업자가 아니므로 부가가치세 신고납부를 하지 아니한다. 결과적으로 최종소비자는 구입한 제품의 가액 7,000원과 그에 대한 부가가치세인 700원을 합계한 총 7,700원을 부담한다.
- 이상의 모든 단계를 거쳐서 각 단계별 사업자인 원료생산업자와 제품제조업자 및 도소매업자가 각각 납부한 부가가치세의 합계액은 총 700원(100원+400원+200원)으로서 이는 최종소비자가 부담한 부가가치세 700원과 일치한다. 결과적으로 각 단계의 사업자들이 납부한 부가가치세의 실질적인 부담은 최종소비자에게 전가되며 이에 따라 부가가치세는 간접세의 성격을 지니게 된다.

(2) 소비지국과세원칙

부가가치세는 최종소비자가 실질적인 조세부담을 하는 간접세이다. 그런데 재화나 용역의 생산국과 소비국이 다른 경우(즉 재화나 용역이 수출입되는 경우)에는 생산지국에서 창출된 부가가치에 대한 부가가치세의 과세권을 어느 나라에서 행사할 것인가 하는 문제가 대두된다. 이와 관련해서 우리나라를 비롯한 대부분의 나라에서는 소비지국과세원칙을 따르고 있다.

소비지국과세원칙이란 GATT의 협약에 따라 생산지국에서 창출된 부가가치에 대한 부가가치세의 과세권을 소비지국에서 행사하도록 한다는 원칙이다. 소비지국과세원칙 하에서는 재화나 용역의 생산지국에서 재화나 용역을 수출할 때에는 그 동안 자국에서 징수한 부가가치세를 전액 공제하거나 환급해줌으로써 자국내에서의 부가가치세 징수액을 0으로 하고, 그 대신 재화나 용역을 수입하는 국가에서는 수입된 재화나 용역에 대하여 자국에서 생산된 재화나 용역과 마찬가지로 취급하여 부가가치세를 징수하게 된다. 우리나라에서는 이러한 소비지국과세원칙을 구현하기 위하여 부가가치세법상 다음과 같은 제도적 장치를 마련하고 있다.

- 수출하는 재화와 국외에서 제공하는 용역에 대하여는 부가가치세 과세표준에 적용하는 세율을 영으로 하는 영세율 제도를 두고 있다.
- 재화의 수입에 대하여는 당해 거래를 부가가치세의 과세거래로 보아 부가가치세를 과세한다. 아울러 국내사업장이 없는 비거주자 또는 외국법인이 국내에서 제공하는 용역으로서 과세사업에 사용되지 않는 것에 대하여 대리납부 제도를 두고 있다.

3. 부가가치세의 특징

(1) 내국일반소비세

① 소비형 부가가치세로서 재화나 용역의 소비에 대하여만 과세한다. 따라서 사업자가 자본재를 구입하면서 거래징수당한 부가가치세에 대하여는 당해 사업자의 납부세액계산시 전단계세액공제법에 따라 이를 공제한다.

② 소비지국과세원칙에 따라 우리나라에서 소비되는 재화와 용역에 대하여만 과세한다.

③ 원칙적으로 모든 재화나 용역의 소비에 대하여 단일의 세율로[19] 과세하는 일반소비세이다. 이러한 점에서 부가가치세는 특정한 재화나 용역의 소비에 대하여만 과세하고 재화나 용역에 따라 세율이 상이한 개별소비세나 주세와 구별된다.

(2) 간접세

부가가치세의 납세자는 재화나 용역을 공급하는 사업자이지만 부가가치세의 실질적인 부담은 최종소비자가 한다. 따라서 부가가치세는 실질적인 조세부담이 최종소비자에게로 전가될 것이 예정되어 있는(즉 납세의무자와 담세자가 일치하지 않는) 간접세이다.

(3) 사업장과세방식

사업장단위로 과세하며 납세지도 사업장소재지로 함을 원칙으로 한다. 따라서 한 사업자가 복수의 사업장을 가지고 있을 경우 원칙적으로 부가가치세의 신고 및 납부는 사업장별로 따로따로 하여야 한다.

(4) 기타

① 과세권자가 국가인 국세이다.
② 각 사업자의 단계마다 생성된 부가가치에 대하여 과세하는 다단계 거래세이다.
③ 과세기간별로 재화나 용역의 공급가액을 집계하여 과세한다.

---

19) 2016년 1월 1일 현재 부가가치세율은 10%이다.

제2절 영세율과 면세

1. 영세율

(1) 영세율의 개념

영세율이란 특정한 재화 또는 용역의 공급에 대하여 적용하는 부가가치세율을 0%로 하는 것이며, 따라서 이 경우 재화 또는 용역의 공급에 대한 부가가치세 매출세액은 항상 0이 된다. 반면에 영세율이 적용되는 재화 또는 용역의 생산에 필요한 물품의 구입시 거래징수당한 부가가치세 매입세액은 영세율이 아닌 보통의 경우와 마찬가지로 매출세액으로부터 공제된다. 따라서 영세율에 있어 부가가치세 납부세액은 다음과 같이 계산된다.

납부세액 = {매출세액(공급가액 × 0% = 0) − 매입세액} = (−매입세액)

다시 말하여 영세율 적용대상인 재화나 용역의 생산에 투입된 중간재의 구입시 거래징수당한 매입세액은 전액 환급되며, 결과적으로 영세율 적용대상인 재화나 용역의 총부가가치 누계액에 대하여 국가는 부가가치세를 한푼도 거두어들이지 않는 효과가 야기된다. 이러한 의미에서 영세율을 완전면세제도라고 한다.

(2) 영세율의 예시

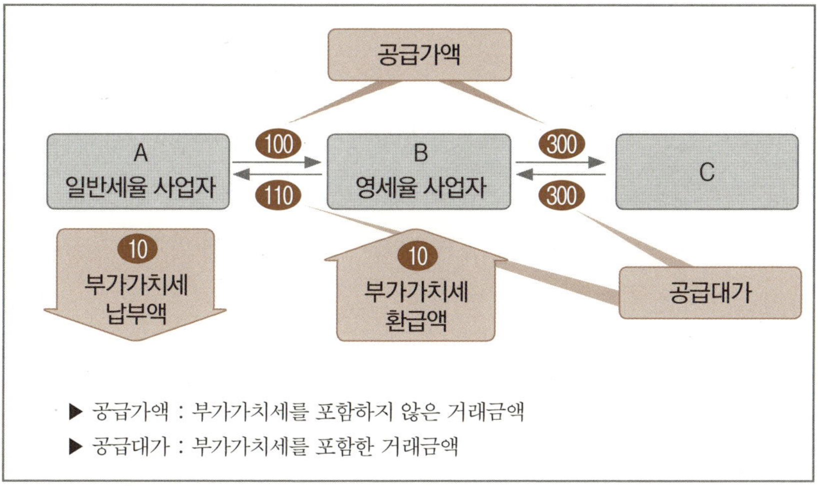

- 사업자A는 사업자B에게 공급가액이 100원인 재화를 판매하고 이에 대한 부가가치세인 10원을 가산한 110원을 공급대가로서 수취한다. 그리고 사업자B로부터 수취한 10원을 부가가치세로서 납부한다.
- 사업자B는 C에게 공급가액이 300원인 재화를 판매하고 이에 대하여 C로부터 징수하는 부가가치세 매출세액은 300×0=0원이다. 그리고 매출세액(0원)에서 사업자A에게 징수당한 매입세액인 10원을 차감한 금액인 △10원을 납부세액으로 한다. 즉 10원을 환급받는다.
- 결과적으로 사업자A와 사업자B가 납부한 부가가치세의 합계액은 10+(−10)=0원이 된다. 즉 사업자A와 사업자B 단계에 걸친 총부가가치인 300원에 대하여 국가가 거두어들인 부가가치세는 0원이 되며, 이로써 영세율은 완전면세를 달성하게 된다.

(3) 영세율의 목적

① 소비지국과세원칙의 구현

소비지국과세원칙을 구현하려면 재화나 용역의 생산지국에서 재화나 용역을 수출할 때에는 그 동안 자국에서 징수한 부가가치세를 전액 공제하거나 환급해줌으로써 자국 내에서의 부가가치세 징수액을 0으로 할 필요가 있다. 이에 따라 수출하는 재화와 국외에서 제공하는 용역에 대하여 영세율을 적용한다.

② 수출지원

소비지국과세원칙의 구현 이외에 수출을 지원하기 위한 목적에서 영세율을 적용하는 경우도 있다. 예컨대 우리나라에서는 내국신용장(local L/C)에 의한 국내공급에 대하여도 영세율을 적용한다. 이러한 거래는 비록 국내거래이기는 하지만 수출의 전단계에 해당하는 것으로서 이에 대하여 부가가치세를 일단 과세하고 다시 환급하는 번거로움을 피하기 위하여 영세율을 적용하며 이를 통하여 수출을 지원하는 효과를 보게 된다.

2. 면세

(1) 면세의 개념

부가가치세법상 면세란 특정한 재화 또는 용역의 공급에 대하여 부가가치세를 면제하는 것이다. 다시 말하여 면세대상인 재화 또는 용역의 공급에 대하여는 부가가치세를 거래징수하지 않는다. 그러나 면세대상인 재화 또는 용역의 공급에 대하여는 부가가치세의 신고납부의무를 지지 않으며, 그 결과 당해 면세대상 재화나 용역을 생산 · 취득하는 과정에서 상대방 사업자로부터 거래징수당한 부가가치세 매입세액을 환급받는 기회가 주어지지 않는다.

결과적으로 면세대상인 재화나 용역을 공급하기 이전의 단계에서 창출된 부가가치에 대하여 당해 사업자가 거래징수당한 부가가치세는 면세대상인 재화나 용역의 공급가격에 포함되며 따라서 최종소비자에게 그 부담이 전가된다. 요컨대 부가가치세법상의 면세란 면세대상인 재화나 용역을 공급하는 사업자의 단계에서 창출된 부가가치에 대한 부가가치세만을 면제하는 것으로서 이런 의미에서 부가가치세법상의 면세를 부분면세제도라고 한다.

(2) 면세의 예시

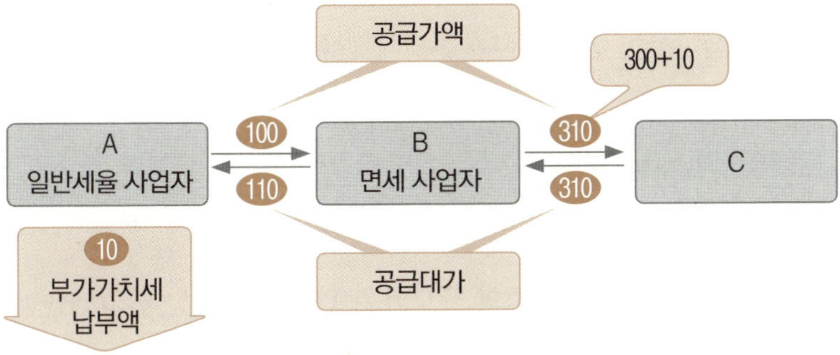

▶ 공급가액 : 부가가치세를 포함하지 않은 거래금액
▶ 공급대가 : 부가가치세를 포함한 거래금액

- 사업자A는 사업자B에게 공급가액이 100원인 재화를 판매하고 이에 대한 부가가치세인 10원을 가산한 110원을 공급대가로서 수취한다. 그리고 사업자B로부터 수취한 10원을 부가가치세로서 납부한다.
- 사업자B는 사업자A로부터 거래징수당한 부가가치세 10원을 환급받지 못할 것을 감안하여 C에게 공급하는 재화의 가격을 부가가치

의 누계인 300원에 사업자A로부터 거래징수당한 부가가치세 10원을 가산한 310원으로 설정한다. 그리고 C로부터 부가가치세로서 거래징수하는 금액은 없게 되며 결과적으로 C로부터는 310원을 지급받는다. 아울러 부가가치세의 신고납부를 하지 않으므로 부가가치세를 납부하지도 환급받지도 않는다.

- 결과적으로 사업자A와 사업자B가 납부한 부가가치세의 합계액은 10+0=10원이 된다. 즉 사업자A와 사업자B 단계에 걸친 총부가가치인 300원에 대하여 국가가 거두어들인 부가가치세는 10원이 되며, 이는 사업자A 단계에서 창출된 부가가치 100원에 대한 부가가치세인 것이다. 즉 사업자B 단계에서 창출된 부가가치인 200원에 대하여는 국가가 부가가치세를 거두어들이지 않게 되며, 이러한 이유로 부가가치세법상의 면세를 부분면세제도라고 한다.

(3) 면세의 목적

① 조세부담의 역진성 완화

부가가치세율은 과세표준의 규모와 무관하게 일정한 단일세율이므로 부가가치세의 부담은 소득수준에 대하여 역진적이다. 즉 저소득자의 부가가치세 부담률(부가가치세부담액/소득수준)이 고소득자의 부가가치세 부담률보다 더 높게 된다. 이러한 조세부담의 역진성을 완화하기 위한 목적에서 부가가치세법은 기초생활필수품, 국민후생용역, 문화관련 재화 및 용역 등을 면세대상으로 규정하고 있다.

② 공익의 실현

공익을 목적으로 정부, 지방자치단체, 지방자치단체조합, 종교 · 자선 · 학술 · 구호단체 등에 공급하는 재화 및 용역을 면세대상으로 규정하고 있다.

3. 부가가치세 납부세액 계산의 예제

제품A, 제품B 및 제품C를 제조하여 판매하는 홍길동씨의 20XX년 1월 1일부터 6월 30일까지의 부가가치세 신고와 관련한 다음의 자료를 토대로 하여 홍길동씨의 부가가치세 납부세액을 구하라.

① 제품A, 제품B 및 제품C의 매출액은 각각 80,000,000원과 50,000,000원 및 40,000,000원이다. 그리고 제품A는 부가가치세 과세대상이고, 제품B는 영세율 대상이며, 제품C는 면세대상이다.
② 제품A, 제품B 및 제품C를 제조하는 데 투입되는 원재료의 매입액은 각각 30,000,000원과 20,000,000원 및 10,000,000원이다. 그리고 이들 매입거래에 대하여 모두 부가가치세를 거래징수당하였다.
③ 부가가치세율은 10%인 것으로 가정한다.

풀이

부가가치세 매출세액			
• 제품A : (80,000,000×10%)	=	8,000,000	
• 제품B : (50,000,000×0%)	=	0	8,000,000
부가가치세 매입세액			
• 제품A : (30,000,000×10%)	=	3,000,000	
• 제품B : (20,000,000×10%)	=	2,000,000	5,000,000
부가가치세 납부세액			3,000,000

※ 제품C를 판매하면서는 부가가치세를 거래징수하지 못한다. 그리고 제품C의 원재료 구입과 관련하여 1,000,000원(10,000,000×10%)의 부가가치세를 거래징수 당하나 이 금액에 대하여는 매입세액 공제가 허용되지 아니한다.

제4부

재무분석을 이용한 기업평가

제13장 재무분석의 기초개념
제14장 비율분석
제15장 기업부실의 원인

제13장 재무분석의 기초개념

제1절 재무분석이란?

1. 넓은 의미로 보면

넓은 의미로 볼 때, 재무분석(financial analysis)은 경영자, 투자자, 금융기관 등 기업과 이해관계를 갖고 있는 사람들이 경제적 의사결정에 필요한 정보를 획득할 목적으로 기업과 관련된 모든 정보를 수집하고 분석하는 활동을 말한다. 이러한 의미의 분석활동을 경영분석이라고도 한다.

2. 좁은 의미로 보면

재무분석을 좁은 의미로 해석하면 기업의 회계자료를 분석하여 재무상태나 영업실적을 평가하고 현재의 경영실태를 파악하는 활동을 말한다. 이때에는 재무상태표, 손익계산서 등 재무제표를 이용하기 때문에 이를 재무제표분석이라고도 한다. 여기에서는 재무제표에서 산출되는 여러 가지 비율의 경제적 의미를 파악하는 비율분석이 주된 내용을 이룬다.

재무분석
- 양적 분석 : 재무자료를 중심으로 한 비율분석
- 질적 분석 : 회사연혁, 경영진, 사업내용과 전망 등

〈그림 13.1〉 재무분석이란

제2절 재무분석의 유용성

1. 내부이해관계자

경영자, 종업원 등 기업의 내부이해관계자들은 재무분석을 통해서 다음과 같은 효과를 얻을 수 있다.

① 경영자와 종업원은 업무계획의 수립이나 추진에 필요한 정보를 얻기 위해서 재무분석을 통해 자기회사의 강점과 약점을 파악할 수 있다.

② 경영자는 재무분석을 통해서 경영전략을 수립하고 거래처의 신용분석, 경쟁기업의 분석, M&A시장에서 인수대상기업의 특성을 파악할 수 있다.

③ 노동조합과 종업원 등은 재무분석에서 얻을 결과를 이용해서 회사측과의 각종 계약협상과정에서 정당한 요구를 할 수 있다.

2. 외부이해관계자

금융기관, 투자자, 신용평가기관 등 기업의 외부이해관계자들은 재무분석을 통해서 다음과 같은 효과를 얻을 수 있다.

① 금융기관은 대출여부와 대출조건을 결정을 하는데 필요한 자료를 얻기 위해서 재무분석을 수행한다.

② 신용평가기관은 기업의 신용평가등급을 결정하기 위해서 재무분석을 수행한다. 우리나라의 한국신용평가(주), 미국의 스탠다드앤푸어스, 무디스 등이 이러한 업무를 수행하는 대표적인 신용평가기관이다.

③ 투자자와 증권분석전문기관들은 특정회사의 주식이나 채권을 구입 또는 처분하는 결정을 하는 과정에서 재무분석의 절차를 밟게 된다.

④ 세무당국은 기업의 담세능력평가, 적정과세, 탈세방지를 위해서 재무분석을 행한다.

제14장 비율분석

제1절 비율분석이란?

1. 재무비율과 비율분석

기업의 재무상태와 경영성과는 재무제표에 요약되어 나타난다. 그래서 재무제표에서 많은 정보를 얻을 수 있는데 재무제표를 구성하는 여러 가지 항목들 사이에서 경제적 의미를 갖도록 산출된 비율을 재무비율이라고 한다. 비율분석에서는 이러한 재무비율들을 산출하여 기업을 평가하게 된다.

2. 표준비율의 결정

이제부터 공부하게 될 내용에 따라서 개별기업의 재무비율이 구체적인 값으로 산출되면 이의 경제적 의미를 파악해야 하는데 이때에 비교기준이 되는 표준값이 있으면 좋을 것이다. 이러한 표준값을 표준비율이라고 하는데 대체로 다음과 같은 것들이 이용된다.

산업의 평균재무비율

해당기업이 속해 있는 산업전체의 평균재무비율은 표준비율로 가장 많이 이용된다. 한국은행에서 매년 발간하는 '기업경영분석'이나 산업은

행에서 발간하는 '재무분석'에서 이들 수치를 구할 수 있다.

산업평균비율은 분석대상기업이 산업전체에서 어떤 위치에 있는지 확인할 때 유용한 표준비율이지만 분석목적에 따라서 더 적합한 비율을 선택해서 표준비율로 사용할 수 있다.

과거비율

해당기업의 과거재무비율도 현재의 경영상태를 파악하는데 유용하다. 즉, 과거 일정기간 동안의 재무비율이 어떤 추세로 변화하였고 그 속에서 현재의 재무비율이 갖는 경제적 의미를 찾아서 문제점을 파악하고 앞으로의 개선방안을 모색할 수 있다.

경쟁기업의 재무비율

경쟁기업의 재무비율도 유용한 비교지표가 될 수 있다. 경쟁기업은 업종이 같고 기업규모 등의 특성과 처한 경제여건도 비슷하기 때문에 경쟁기업의 재무비율과 비교해서 해당기업의 강점과 약점을 파악할 수 있다. 특히 수출비중이 높은 기업들은 외국기업들과 비교하는 것도 큰 의미가 있다고 본다.

최우량기업의 재무비율

업종마다 선도기업이 있게 마련이다. 예를 들어 전자업종에서 삼성전자, 이동통신업종에서 SK텔레콤 등이 이에 해당하는데 이들 선도기업의 재무비율은 이 업종에서 기업활동을 할 때에 어떤 방향으로 경영방침을 설정해야 할 지에 대한 지침을 제공한다.

이상적 재무비율

기업의 재무비율이 이 수준은 되어야 한다고 경험적 기준으로 설정된 표준비율이 있다. 이를 이상적 재무비율이라고 하는데 예를 들면 유동비율은 200%이상, 당좌비율은 100%이상, 고정비율은 100%이하, 자기자본비율은 50%이상 등이 그것이다. 그러나 이는 업종이나 기업규모를 무시하고 설정된 것이기 때문에 그다지 큰 의미를 두지는 않는다.

제2절 비율분석의 내용

1. 안전성분석

안전성분석이란 회사가 보유하고 있는 유동성이나 부채의존도를 통해서 단기 채무를 변제할 능력이 어느 정도인가를 측정하고 더 나아가 경기변동이나 시장여건의 변화에 대응력이 충분한가를 파악하는 것이다. 이를 측정하기 위한 비율로는 유동비율, 부채비율 등을 들 수 있다.

유동비율

유동비율이란 유동자산을 유동부채로 나눈 비율을 말하는데 기업의 단기부채상환능력을 측정하는 지표이다. 유동자산은 1년 이내에 현금화되는 자산이고 유동부채는 1년 이내에 만기가 도래하는 부채이므로 유동비율은 대체로 높을수록 좋다고 할 수 있다. 이론적으로는 최소한 100%이상을 유지하여야 한다고 보며 일반적으로 200%이상이면 안정적이라고 판단한다.

$$유동비율(\%) = \frac{유동자산}{유동부채} \times 100$$

당좌비율

유동자산은 당좌자산과 재고자산으로 구성된다. 그런데 이 중에서 재고자산은 영업싸이클을 거쳐야만 현금화되기 때문에 긴급하게 부채를 상환해야 할 때에는 즉시 현금화시킬 수 있는 현금, 예금, 유가증권, 매출채권 등 당좌자산이 매우 유용하다. 그래서 당좌자산과 유동부채의 관계에서 다음과 같은 지표로 기업의 단기부채상환능력을 측정한다. 이를 당좌비율이라고 하는데 100%이상이면 안정적이라고 볼 수 있다.

$$당좌비율(\%) = \frac{당좌자산}{유동부채} \times 100$$

부채비율

부채비율이란 부채를 자본으로 나눈 비율을 말하는데 기업의 재무구조를 파악하는데 가장 많이 이용되는 지표이다. 경기가 활황국면에 들어설 때에는 기업이 부채의 이자비용보다 높은 수익률을 올릴 수 있기 때문에 부채를 사용하는 것이 유리할 수도 있다. 그러나 경기가 불황일 때에는 기업이 벌어들이는 수익률이 부채의 이자비용보다 훨씬 낮아지기 때문에 자칫하면 파산할 가능성이 높다.

$$부채비율(\%) = \frac{부채}{자본} \times 100$$

2. 수익성분석

수익성분석은 회사가 1년 동안 벌어들인 영업성과를 산출해서 매출액이나 투자자금의 단위당 얼마의 이익을 올리고 있는지를 파악하는 분석이다. 즉, 회사가 자금을 얼마나 효율적으로 운용하였는가와 이익창출능력은 어느 정도인지를 평가하는 것이 수익성 분석의 목표가 된다.

매출액이익률

매출액이익률은 이익을 매출액으로 나누어 산출하는데 매출액 단위당 얼마의 이익을 올리고 있는지를 파악하기 위한 비율이다. 이를 산출하는 다음의 산식에서 분자의 이익을 영업이익으로 해서 매출액이익률을 산출하면 매출액영업이익률, 분자의 이익을 당기순이익으로 산출하면 매출액순이익률이 되는데 매출액순이익률이 가장 많이 이용된다.

$$\text{매출액순이익률(\%)} = \frac{\text{당기순이익}}{\text{매출액}} \times 100$$

자본이익률

자본이익률은 이익을 자본으로 나누어 산출하는데 투자자금 단위당 얼마의 이익을 올리고 있는지를 파악하기 위한 비율이다. 이때에는 분모의 투입자본을 총자본으로 해서 자본이익률을 산출하면 총자본이익률, 자기자본으로 해서 산출하면 자기자본이익률이라고 한다.

① 총자본순이익률

총자본이란 부채(타인자본)와 자기자본의 합계를 말하며 이는 자산총액과 일치한다. 당기순이익을 총자본으로 나눈 것이 총자본순이익률인데 총자산이익률이라고도 한다. 이 값은 회사에 투자된 총자본이 단위당 얼마의 순이익을 벌어들이는지를 파악하는 지표이다.

$$총자본순이익률(\%) = \frac{당기순이익}{총자본} \times 100$$

그런데 이 비율의 변동요인을 좀 더 구체적으로 분석하기 위해서 위 식은 다음과 같이 바꿀 수 있다.

$$\frac{당기순이익}{총자본} = \frac{당기순이익}{매출액} \times \frac{매출액}{총자본}$$

$$= 매출액순이익률 \times 총자본회전율$$

위와 같은 관계에서 총자본이익률이 상승하는 원인은 매출액순이익률이 상승하는 경우와 총자본회전율이 상승하는 경우, 그리고 두 가지 비율이 함께 상승하는 경우 등으로 생각할 수 있다.

업종별 특징을 보면 소매업과 같은 경우는 매출액순이익률이 낮고 총자본회전율이 높은 반면, 조선업이나 화학제품제조업의 경우는 총자본회전율이 낮고 매출액순이익률은 높은 특징을 갖는다.

② 자기자본순이익률

자기자본순이익률이란 당기순이익을 자기자본으로 나누어 산출한 비율인데 이는 회사의 주인인 주주의 입장에서 투자자금 단위당 얼마의 이익을 벌어들였는지를 파악할 수 있는 지표가 된다.

$$자기자본순이익률(\%) = \frac{당기순이익}{자기자본} \times 100$$

3. 활동성분석

활동성분석이란 회사에 투자된 자본이 얼마나 활발하게 이용되었는가를 파악하는 것이다. 구체적으로는 매출액을 각 자산항목으로 나눈 값을 활동성비율로 산출해서 이를 분석하게 되는데 이 값을 대개 회전율이라고 부른다.

그래서 회전율은 매출액을 총자산액으로 나누면 총자산회전율이 되고 매출액을 재고자산으로 나누면 재고자산회전율, 매출채권으로 나누면 매출채권회전율이 된다.

총자산회전율

총자산회전율은 총자본회전율이라고도 하는데 이 비율은 회사의 총자산이 1년 동안 몇 번 회전하였는가를 나타내므로 회사가 얼마나 총자산을 능률적으로 활용했는가를 나타내는 지표이다. 이 비율이 낮으면 과다투자나 비효율적 투자를 하고 있다는 뜻이 된다.

$$총자산회전율(회) = \frac{매출액}{총자본}$$

재고자산회전율

재고자산회전율은 매출액을 재고자산으로 나눈 값으로서 재고자산이 얼마나 빨리 판매되는가를 나타낸다. 재고자산회전율이 낮다는 것은 매출액에 비해서 과다한 재고를 갖고 있다는 것이며 재고자산회전율이 높다는 것은 적은 재고자산으로 생산 및 판매활동을 효율적으로 수행하고 있다는 의미이다.

$$\text{재고자산회전율(회)} = \frac{\text{매출액}}{\text{재고자산}}$$

매출채권회전율

매출채권회전율은 매출액을 매출채권으로 나누어 산출하는데 이는 매출채권이 얼마나 빨리 회수되는가를 나타내는 지표이다. 즉, 매출채권회전율이 높다는 것은 매출채권의 현금화속도가 빨라서 기업의 유동성이 양호하다는 것을 의미한다.

$$\text{매출채권회전율(회)} = \frac{\text{매출액}}{\text{매출채권}}$$

4. 성장성분석

성장성분석은 일정기간 중에 회사의 규모나 경영성과가 얼마나 증대되었는가를 분석하는 것이다. 대개 재무제표의 각 항목에 대한 일정기간 동안의 증가율로 측정한다.

매출액증가율

매출액증가율은 전년도 매출액에 대한 올해 매출액의 증가율로 표시된다. 매출액은 정상적인 영업활동에서 계속적으로 발생하는 수익이므로 이 지표는 기업의 신장세를 판단하는데 유용하다. 또한 매출액증가율은 제품가격상승과 판매수량증가라는 두 가지 요인에 의해 영향을 받게 되므로 분석할 때에는 이점을 고려해서 평가해야한다.

$$\text{매출액증가율(\%)} = \frac{\text{당기매출액}-\text{전기매출액}}{\text{전기매출액}} \times 100$$

총자산증가율

회사에 투하되어 운용되고 있는 총자산이 전기에 비해서 당기에는 얼마나 증가하였는지를 표시하는 비율이 총자산증가율이다. 회사전체적인 성장규모를 측정하는 지표가 된다.

$$\text{총자산증가율(\%)} = \frac{\text{당기총자산}-\text{전기총자산}}{\text{전기총자산}} \times 100$$

이익증가율

이익증가율은 성장성분석에서 가장 관심이 많은 부분이다. 이익증가율에서는 대체로 영업이익증가율과 당기순이익증가율을 많이 이용한다. 영업이익증가율은 회사가 정상적인 영업활동을 하는 과정에서 벌어 들이는 이익의 변동을 파악할 수 있는 것이며 순이익증가율은 여기에 비경상적이고 특별한 손익까지 고려되어 주주에게 귀속되는 순이익의 변동을 파악할 수 있는 지표이다.

$$\text{영업이익증가율(\%)} = \frac{\text{당기영업이익}-\text{전기영업이익}}{\text{전기영업이익}} \times 100$$

$$\text{순이익증가율(\%)} = \frac{\text{당기순이익}-\text{전기순이익}}{\text{전기순이익}} \times 100$$

5. 증권시장관련비율

재무비율은 반드시 재무제표에서만 구해지는 것은 아니다. 증권시장에서 얻을 수 있는 주가자료를 이용하면 또 다른 시각에서 기업을 평가할 수 있다. 이때에 주로 많이 이용되는 비율로 주가수익비율, 주가순자산비율 등이 있다.

주가수익비율(PER)

PER(Price Earnings Ratio)는 주가순이익률이라고도 하는데 이것은 분석대상기업의 현재주가를 그 기업의 1주당 순이익으로 나눈 값이다.

$$PER = \frac{현재주가}{1주당\ 순이익}$$

여기서 1주당 순이익은 EPS(Earnings Per Share)로서 순이익을 발행주식수로 나누어 구한 값이다. 다른 조건은 동일한데 PER이 상대적으로 낮게 형성된 주식이 있다면 이는 저평가되어 있다는 뜻이므로 향후 주가가 상승할 가능성이 높다고 볼 수 있다.

주가순자산비율(PBR)

주가순자산비율은 PER와 함께 자주 인용되는 분석지표이다. PER가 주가를 1주당 순이익으로 나눈 것인데 비해서 PBR(Price Book-value Ratio)은 주가를 1주당 순자산가액으로 나누어 계산한 값이다.

$$PBR = \frac{현재주가}{1주당\ 순자산}$$

여기서 분모의 1주당 순자산은 재무상태표상의 자기자본총계를 발행주식수로 나누어 구하는데 기업이 청산할 때 1주에 돌아갈 재산가치를 의미하는 것이다. PER와 마찬가지로 PBR이 다른 기업에 비해서 낮게 형성된 주식은 주가가 저평가되어 있다는 것이므로 주가상승 가능성이 높은 것으로 판단한다.

제3절 비율분석의 사례

1. 사례기업의 재무제표

앞서 공부한 비율분석의 기법을 이용해서 사례기업에 대한 경영평가를 수행해 보겠다. 가나전자(주)의 당년도 대략적인 재무상황을 살펴보자. 자산은 20조원, 부채는 13조원, 자본은 7조원정도이다. 매출액은 자산규모와 비슷한 20조원이고 영업이익은 3조원, 당기순이익은 3천억원에 이르고 있다.

<표 14.1> 재무상태표

당년도 12월 31일 현재
전년도 12월 31일 현재

가나전자(주) (단위:억원)

과 목	당년도	전년도	과 목	당년도	전년도
Ⅰ. 유동자산	(59,681)	(77,813)	Ⅰ. 유동부채	(54,156)	(58,696)
(1) 당좌자산	40,985	54,399	1.매입채무	10,946	10,298
1.현금예금	11,875	13,761	2.단기차입금	2,384	13,119
2.매출채권	16,202	28,106			
			Ⅱ. 비유동부채	(83,905)	(113,660)
(2) 재고자산	18,696	23,414	1.사채	49,591	36,748
1.상품	5,746	669	2.장기차입금	29,565	66,986
2.제품	2,550	5,315	3.퇴직충당금	2,161	6,926
Ⅱ. 비유동자산	(148,079)	(152,842)	Ⅰ. 자본금	(7,433)	(6,098)
(1) 투자자산	62,744	47,841	Ⅱ. 자본잉여금	(22,499)	(14,759)
(2) 유형자산	75,027	71,593	Ⅲ. 이익잉여금	(42,516)	(40,304)
(3) 무형자산	2,197	1,654	당기순이익	3,132	1,235
(4) 이연자산	8,111	31,763	Ⅳ. 자본조정	(−2,748)	(−2,862)
자산 총계	207,760	230,655	부채와자본총계	207,760	230,655

<표 14.2> 손익계산서

당년도 1월 1일부터 12월 31일까지
전년도 1월 1일부터 12월 31일까지

가나전자(주) (단위:억원)

과 목	당년도	전년도
Ⅰ. 매 출 액	200,842	184,654
Ⅱ. 매 출 원 가	139,758	127,011
Ⅲ. 매출총이익	61,084	57,643
Ⅳ. 판매비와 관리비	30,084	29,081
Ⅴ. 영 업 이 익	31,000	28,562
Ⅵ. 영업외수익	18,276	24,526
Ⅶ. 영업외비용	44,867	51,528
Ⅷ. 세전계속사업이익	4,409	1,561
Ⅸ. 법인세비용	1,837	326
Ⅹ. 계속사업이익	2,572	1,235
XI. 중단사업이익	560	0
XII. 당기순이익	3,132	1,235
XIII. 주당순이익(원)	2,832	1,232

2. 재무분석의 결과

안전성분석

안전성을 측정하는 대표적 비율인 유동비율과 당좌비율, 그리고 부채비율을 구한 후 산업평균비율과 비교해 본다. 이때 산업평균비율은 한국은행에서 발간되는 기업경영분석 중 사례기업인 가나전자(주)가 속해 있는 영상, 음향 및 통신장비 제조업의 산업평균치를 인용한 것이다.

① 유동비율

$$\text{유동비율}(\%) = \frac{\text{유동자산}}{\text{유동부채}} \times 100$$

$$= \frac{59{,}681}{54{,}156} \times 100 = 110.2\% \qquad \text{(산업평균 102.6\%)}$$

② 당좌비율

$$\text{당좌비율}(\%) = \frac{\text{당좌자산}}{\text{유동부채}} \times 100$$

$$= \frac{40{,}985}{54{,}156} \times 100 = 75.7\% \qquad \text{(산업평균 72.6\%)}$$

③ 부채비율

$$\text{부채비율}(\%) = \frac{\text{부채}}{\text{자본}} \times 100$$

$$= \frac{54{,}156+83{,}905}{7{,}433+22{,}499+42{,}516-2{,}748} \times 100 = 198.1\%$$

(산업평균 281.9%)

가나전자의 유동성을 나타내는 비율들은 동종업계의 평균수준을 약간 상회하고 있어서 안전성은 어느 정도 높다고 볼 수 있다. 그러나 전년도에 비해서는 다소 떨어지고 있는데 이는 장기부채 중 1년 이내에 만기가 도래되는 유동성 장기부채가 유동자산보다 크게 증가한데 기인한 것으로 해석된다. 그리고 유동비율, 당좌비율이 산업평균보다는 높지만 이상적인 기준 200%, 100%보다는 크게 낮은 수준이다.

그러나 부채비율은 동종업계의 평균수준인 282%보다 훨씬 낮은 수준인 198%이다. 그리고 점차 그 비율도 낮아지고 있어서 재무구조가 개선되고 있다고 볼 수 있다.

수익성분석

수익성을 나타내는 매출액순이익률, 총자산순이익률, 자기자본순이익률 등을 산출하여 가나전자의 영업성과를 분석해 본다.

① 매출액순이익률

$$\text{매출액순이익률}(\%) = \frac{\text{당기순이익}}{\text{매출액}} \times 100$$

$$= \frac{3,132}{200,842} \times 100 = 1.56\%$$ (산업평균 -0.35%)

② 총자본순이익률

$$\text{총자본순이익률}(\%) = \frac{\text{당기순이익}}{\text{총자본}} \times 100$$

$$= \frac{3,132}{(207,762+230,665)/2} \times 100 = 1.43\%$$

(산업평균 -0.31%)

③ 자기자본순이익률

$$\text{자기자본순이익률}(\%) = \frac{\text{당기순이익}}{\text{자기자본}} \times 100$$

$$= \frac{3,132}{(69,700+58,299)/2} \times 100 = 4.89\%$$

(산업평균 -1.29%)

가나전자는 수익성에서 전반적으로 산업평균을 훨씬 웃돌고 있다. 업계의 전반적인 수익성은 낮은 편인데 비해서 가나전자의 경우에는 괜찮은 수준인 것을 확인할 수 있다. 이러한 성과는 영업활동을 효율적으로 수행한 데에 기인한다. 뿐만 아니라 재무상태표에서 퇴직충당금이 전년에 비해 크게 감소한 것을 보면 구조조정으로 인건비의 비중을 크게 줄인 것으로 추정되는데 이 역시 수익성개선에 기여한 것으로 볼 수 있다.

참고로 수익성비율이나 활동성비율과 같이 손익계산서항목과 재무상태표항목을 이용해서 산출되는 재무비율의 구체적인 값을 구할 때에는 재무상태표항목은 전년도 금액과 당해년도 금액을 평균해서 사용해야 보다 정확한 비율을 산출할 수 있다.

활동성분석

활동성을 나타내는 총자산회전율, 재고자산회전율, 매출채권회전율 등을 산출하여 가나전자가 얼마나 활발한 영업활동을 수행하였는지를 분석해 본다. 활동성분석은 주로 비교항목과 매출액의 관계로 산출된다.

① 총자산회전율

$$\text{총자산회전율(회)} = \frac{\text{매출액}}{\text{총자본}}$$

$$= \frac{200,842}{(207,762+230,665)/2} = 0.92\text{회}$$

(산업평균 0.87회)

② 재고자산회전율

$$\text{재고자산회전율(회)} = \frac{\text{매출액}}{\text{재고자산}}$$

$$= \frac{200,842}{(18,696+23,414)/2} = 9.54\text{회}$$

(산업평균 7.99회)

③ 매출채권회전율

$$\text{매출채권회전율(회)} = \frac{\text{매출액}}{\text{매출채권}}$$

$$= \frac{200,842}{(16,202+28,106)/2} = 9.1\text{회}$$

(산업평균 7.74회)

가나전자의 활동성비율은 전반적으로 동종업계의 평균에 비해서 높은 수준이어서 유동자산, 고정자산 등이 효율적으로 이용되고 있다고 판단할 수 있다. 특히 매출채권회전율, 재고자산회전율 등이 높은 것은 현금→재고자산→매출→매출채권→현금의 영업활동순환과정의 각 단계에 자금이 비교적 적게 묶여있음을 의미한다.

총자산회전율 0.92는 산업평균 0.87보다 별로 높아 보이지는 않지만 가나전자의 총자산규모가 20조원에 달하는 것을 감안하면 매우 높은 수준으로 보아야 할 것이다. 그리고 매출채권의 회전율이 높은 것은 매출채권의 현금화속도가 빨라서 유동성이 양호한 것을 말하며, 재고자산회전율이 높은 것은 생산 및 판매활동이 효율적으로 운용되고 있는 것을 보여주는 것이다.

성장성분석

성장성은 모두 전년대비 당년도 금액이 얼마나 증가한 것인지를 나타내는 증가율로 측정된다. 중요한 분석항목인 총자산, 매출액, 순이익을 중심으로 가나전자의 성장성을 분석해 본다.

① 총자산증가율

$$\text{총자산증가율(\%)} = \frac{\text{당기총자산} - \text{전기총자산}}{\text{전기총자산}} \times 100$$

$$= \frac{207,760 - 230,655}{230,655} \times 100 = -9.9\%$$

(산업평균 2.4%)

② 매출액증가율

$$\text{매출액증가율(\%)} = \frac{\text{당기매출액} - \text{전기매출액}}{\text{전기매출액}} \times 100$$

$$= \frac{200,842 - 184,654}{184,654} \times 100 = 8.8\%$$

(산업평균 16.0%)

③ 순이익증가율

$$순이익증가율(\%) = \frac{당기순이익-전기순이익}{전기순이익} \times 100$$

$$= \frac{3,132-1,235}{1,235} \times 100 = 153.6\%$$

가나전자의 성장성분석을 보면 먼저 총자산이 전년대비 약 10% 정도 감소된 것을 볼 수 있는데 이는 산업평균이 2.4% 정도 증가한 것에 비해서 매우 큰 폭의 감소로 보인다. 이는 설비 매각을 수반하는 대폭의 구조조정을 수행한 결과로 해석된다. 그리고 업종평균에 비해서는 낮은 수준이지만 매출액은 전년도에 비해서 증가하였다. 특히 구조조정에 따른 인건비절감, 차입금의 상환 등으로 영업비용과 이자비용의 부담이 경감되어 순이익은 매우 큰 폭의 증가를 보이고 있는 것이 눈에 띈다.

증권시장관련비율

증권시장에서 형성되어 있는 주가자료를 이용해서 분석할 수 있는 비율로 주가수익비율, 주가순자산비율 등이 있다. 가나전자의 주식가격 80,700원이라고 가정하고 이들 비율을 산출해본다.

① 주가수익비율(PER)

$$PER = \frac{현재주가}{1주당\ 순이익} \times \frac{80,700}{2,832} = 28.02배$$

② 주가순자산비율(PBR)

$$PBR = \frac{현재주가}{1주당\ 순자산} = \frac{80,700}{47,599} = 1.70배$$

그런데 아직 재무제표가 발표되지 않은 시점에서 현재주가를 기준으로 이들 값을 구해야 할 때에는 1주당 순이익과 1주당 순자산가액을 산출하기가 어렵게 된다. 그래서 실무적으로는 현재주가를 전기 또는 반기의 재무제표, 즉 가장 최근에 발표된 재무제표를 이용해서 이들 값을 산출한다.

재무분석결과의 요약

사례기업인 가나전자(주)의 재무상태표와 손익계산서를 이용해서 재무분석을 수행한 결과를 산업평균과 비교해서 요약하면 다음의 〈표 3.3〉으로 요약할 수 있다.

〈표 14.3〉 재무분석결과

항 목		가나전자	산업평균
안전성비율	유동비율	110.2 %	102.6 %
	당좌비율	75.7	72.6
	부채비율	198.1	281.9
수익성비율	매출액순이익률	1.56 %	- 0.35 %
	총자본순이익률	1.43	- 0.31
	자기자본순이익률	4.89	- 1.29
활동성비율	총자본회전율	0.92 회	0.87 회
	재고자산회전율	9.54	7.99
	매출채권회전율	9.07	7.74
성장성비율	총자산증가율	- 9.9 %	2.4 %
	매출액증가율	8.8	16.0
	자기자본증가율	19.6	25.5

주 : 안전성비율에서 자산, 부채금액은 기말잔액이며 자본은 당기순이익이 가산된 것임.
수익성비율, 활동성비율에서 자산, 자본금액은 기초와 기말의 평균값임.
산업평균은 영상, 음향 및 통신장비 제조업의 산업평균치임.

제15장 기업부실의 원인

제1절 기업부실이란?

현대사회에 이르러 기업간 경쟁은 더욱 격심해져서 기업의 제1차적 목표가 기업의 존속이 되고 있는 실정이다. 그래서 기업이 도산하지 않고 생존하기 위한 전략이 절실히 필요하며 이러한 필요성은 기업부실을 예측하고 이를 예방하는 기법을 발전시키게 되었다.

부실예측기법을 공부하기 전에 먼저 기업부실에 대한 개념을 소개한다. 기업부실은 여러 가지 의미로 정의할 수 있지만 대체로 경제적 부실, 지급불능, 파산의 세 단계로 보는 것이 일반적이다.

1. 경제적 부실

경제적 부실이란 기업의 수익성이 떨어지는 것을 말하는데 대체로 다음과 같은 경우를 일컫는다.

① 기업의 총수익이 총비용에 미달하는 경우

② 기업의 투자수익률이 자금코스트보다 낮은 경우

③ 기업의 투자수익률이 동종 업종의 평균수익률보다 낮은 경우

2. 지급불능

경제적 부실이 더 진행되면 기업이 자금이 부족해서 매입채무나 차입금을 상환하지 못하게 되는 경우를 맞게 되는데 이를 지급불능이라고 말한다. 지급불능에는 그 성격상 다음과 같이 두 가지 경우가 포함된다.

기술적 지급불능

기술적 지급불능이란 일시적인 자금부족으로 인해서 만기가 도래된 채무를 상환할 수 없는 경우를 말하는데 그래도 이때에는 자산이 부채를 초과한 상태를 유지하고 있다.

실질적 지급불능

실질적 지급불능은 만성적인 결손누적으로 부채가 자산을 초과하여 순자산가치가 (-)이면서 만기도래 채무를 상환하지 못하는 경우를 말한다.

3. 파산

법원의 파산선고를 거쳐서 법률적인 도산을 맞게 되는 경우를 말한다. 우리나라에서는 지급불능상태가 되면 법정관리를 신청하는 경우가 많다. 이는 회사가 갱생할 수 있다고 판단되는 경우 법원이 채권자와의 이해를 조정해서 회사를 다시 살리는 제도이다. 그러나 법정관리신청이 기각되면 즉각 파산절차에 들어가서 보유자산을 청산하게 된다.

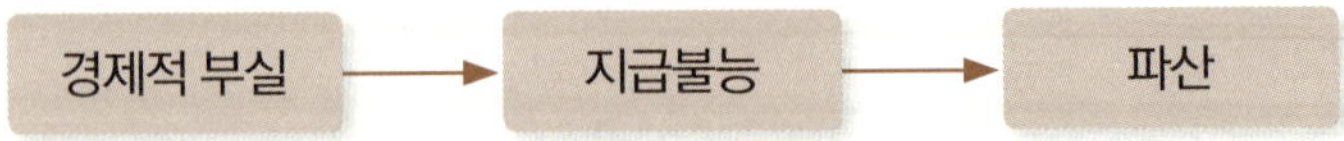

〈그림 15.1〉 기업의 부실화과정

제2절 기업부실의 원인과 유형

1. 기업부실의 원인

대한상공회의소에서는 한국의 실패기업에 대한 사례분석을 통해서 주요 실패요인과 이들 요인의 중요성을 평가한 연구결과를 1996년에 발표한 바 있다. 그 연구결과의 내용은 〈표 15.1〉과 같이 요약된다.

이에 따르면 무리한 사업확장, 방만한 자금관리가 매우 중요한 실패요인으로 지적되고 있다. 이러한 요인들은 1997년 IMF관리체제가 시작되면서 파산한 많은 기업들의 사례에서도 그대로 나타나고 있다.

결론적으로 말하면 기업을 계속 유지하는 데에는 적정한 수준의 투자활동과 이를 뒷받침할 수 있는 자금관리가 가장 중요한 변수임을 알 수 있다.

실 패 요 인	비율(%)
① 과시욕에 따른 무리한 사업확장	18.5 %
② 방만한 자금관리	17.7
③ 최고경영자의 독단적인 기업경영	12.2
④ 경영자의 사업경험부족	10.2
⑤ 족벌경영의 심화	8.7
⑥ 경영환경 변화에 대한 대응부족	8.5
⑦ 기술개발노력의 부족	6.7
⑧ 경영자의 비윤리성	6.6
⑨ 정부와의 관계악화	6.1
⑩ 배타적이고 무분별한 유통망 관리	4.7
합 계	100.0 %

〈표 15.1〉 한국기업의 실패요인

2. 기업부실의 유형

위와 같은 기업부실의 원인에 따라서 기업부실의 유형도 달라지게 되는데 대체로 다음과 같은 네 가지 유형을 들 수 있겠다.

확장붕괴형

확장붕괴형은 무리한 시설투자와 타기업의 인수, 합병 등을 통해서 기업을 계속 확장해 나가면서 내실을 다지지 않아서 결국 경영상태가 부실해지고 스스로 붕괴하는 유형을 말한다. 우리나라의 많은 대기업의 부실이 이러한 유형에 해당한다고 볼 수 있다. 특히 1997년도 IMF사태에서 붕괴된 대기업들은 대표적인 예라고 할 수 있겠다.

자본부족형

회사의 규모에 비해서 지나치게 적은 자본으로 회사를 설립하여 처음부터 절대적으로 자기자본이 부족한 유형을 자본부족형이라고 할 수 있다. 사업활동을 하면서 계속 은행이나 사채 등에 의한 자금조달에 급급하면서 만성적인 자금부족을 겪다가 도산하게 된다. 좋은 기술을 갖고도 도산한 많은 벤처기업들이 이에 해당하는 예이다.

방만경영형

경영자의 무능력이나 경험부족으로 계획적이고 체계적인 경영이 이루어지지 못하고 비합리적인 경영이 도산의 직접적 원인이 되는 유형이다. 회사를 방만하게 운영하기 때문에 불필요한 경비지출이 많고 비효율적 생산과 판매부진, 재고과다에 따른 덤핑 등이 특징이다. 정통적이고 합리적인 경영활동보다는 정치적 관계를 과시하고 이를 이용하려는 경영자들이 이러한 유형의 도산을 맞게 되는 경우가 많다.

연쇄도산형

우리나라에서 특징적으로 나타나는 유형이다. 즉, 재벌 및 계열기업이 많은 경우에 빈번하게 발생하는 부실유형으로서 모회사의 부도에 따라서 자회사, 하청업체 등이 연쇄적으로 도산하게 되는 특징이 있다. 특히 우리나라 중소기업들이 도산하는 유형 중에서 가장 높은 비중을 차지한다.

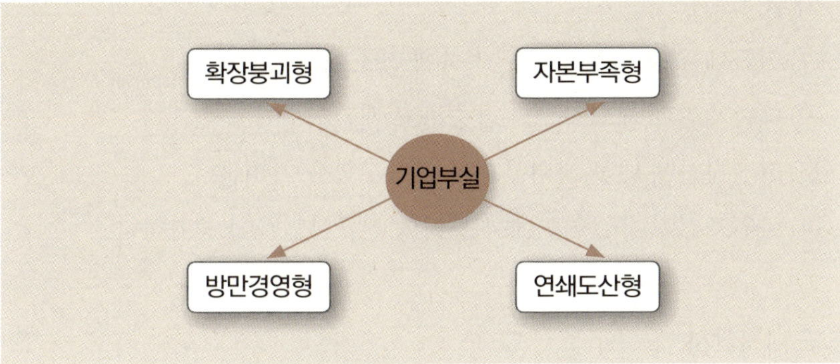

〈그림 15.1〉 기업부실의 유형

제3절 기업부실의 징후발견

기업부실은 점진적으로 진행되기 때문에 부실화의 정도가 깊어지기 전에 그 징후를 잘 관찰할 필요가 있다. 기업이 부실해지는 원인은 다양하지만 이로 인해서 나타나는 징후는 크게 재무적 징후와 비재무적 징후로 구별된다.

재무적 징후는 주로 재무제표의 분석을 통해서 발견할 수 있고 비재무적 징후는 기업실태조사 및 관찰로 발견할 수 있다. 각 방법에서 확인할 수 있는 징후들을 정리하면 다음과 같다.

1. 재무제표분석

재무적 징후는 재무제표에서 직접 또는 앞서 설명한 비율분석 등을 통해서 발견할 수 있다. 재무제표의 분석 등의 방법으로 관찰할 수 있는 중요한 징후는 다음과 같다.

재무상태표

① 현금예금 등 유동성의 급격하게 감소한다.

② 매출채권과 재고자산의 급증하고 채권회수가 늦어진다.

③ 고정자산에 대한 과다투자가 금융부담을 가져온다.

④ 차입조건이나 금리면에서 불리한 신규차입금이 증가한다.

손익계산서

① 매출액이 지속적으로 감소한다.

② 이자비용의 급격하게 증가하면서 수익성이 저하되어 이익률이 현저하게 감소된다.

③ 연속적자로 결손누적이 심화된다.

현금흐름표

① 현금예금의 잔고가 감소한다.

② 영업활동으로 인한 현금흐름의 급격하게 감소한다.

③ 단기부채조달로 장기부채를 상환하는 사례가 잦다.

2. 기업실태조사

재무제표분석으로부터 발견할 수 있는 부실징후는 회계정보의 한계점으로 인해서 충분하지 못한 경우가 많다. 따라서 다음과 같은 여러 가지 비재무적 징후를 관찰하여야 한다.

경영자

① 외출횟수가 급증하고 행선지를 알 수 없는 경우가 많다.

② 낯선 사람의 전화나 방문이 많아진다.
③ 경영자간의 불화가 잦고 가족임원이 사임한다.
④ 대주주 또는 경영자가 보유주식을 대량으로 매각한다.

종업원

① 유능한 종업원들이 잇따라 퇴직한다.
② 기강이 해이해지고 회사분위기가 침체됨을 느낄 수 있다.
③ 경비원이나 안내양들의 행동이 불친절해진다.
④ 임금체불에 대한 항의행동이 나타난다.

생산부

① 설비가동율이 급격하게 감소한다.
② 작업환경이 지저분하고 제품불량율이 증가한다.
③ 재고품이 거의 없거나 반대로 급증하고 회사명 없는 제품도 증가한다.

영업부

① 광고횟수가 크게 감소 내지 중단된다.
② 내부거래가 급증하고 직원에 대한 강제판매를 실시한다.
③ 무리한 수주와 출혈판매, 고객에 불친절 등이 나타난다.

회계부

① 회계방법의 변경, 특히 감가상각방법을 정률법에서 정액법으로 변경한다.
② 분식결산을 하고 외부감사인(공인회계사)과의 마찰을 빚는다.

③ 영업손실이나 경상손실을 특별이익으로 커버해서 순이익을 만든다.

자금부

① 주거래은행을 변경하거나 융통어음을 발행하는 등 제2금융권의 의존도가 높아진다.

② 차입이자율이 급등하고 차입금상환을 연기하는 경우가 빈발하다.

③ 자금담당직원이 하루종일 금융기관을 돌며 외출하기 때문에 자리를 지키는 시간이 별로 없다.

제4절 기업부실의 예측모형

비율분석의 결과로 얻게 되는 여러 가지 재무비율을 갖고 다양한 방법을 통해서 기업부실을 예측할 수 있다. 이때에 특정한 재무비율을 개별적으로 이용해서 기업부실을 예측할 수도 있고 여러 재무비율을 함께 이용할 수도 있다. 먼저 특정한 재무비율을 개별적으로 이용하는 방법으로 프로필분석을 살펴보겠다.

1. 프로필분석

분석절차

프로필분석은 특정한 재무비율의 변화추세를 통해서 어떤 기업이 부실의 신호를 보이고 있는지 관찰하는 것을 말한다. 구체적으로는 다음과 같은 절차를 따른다.

① 부실기업군과 건전기업군의 재무비율에 대한 자료를 수집해서 이 두 집단을 유의적으로 구별할 수 있는 재무비율을 선택한다. 이러한 비율로 부채비율, 총자산순이익률 등이 자주 이용된다.

② 일단 유의적인 재무비율을 선택되면 부실기업과 건전기업의 비율을 산출해서 그 차이를 시계열자료로 정리한다. 그리고 이를 그림으로 나타내면 시각적인 확인도 가능하다.

③ 이제는 분석대상기업의 재무비율을 시계열 추세로 나타내고 이를 일차적으로 동일한 업종의 우량기업의 시계열 추세와 비교하는 것이 좋겠다. 이를 통해서 분석대상의 기업의 문제점을 파악하여야 한다.

④ 분석대상기업의 재무비율을 산업평균비율의 시계열 추세와 비교할 때 만약 이로부터 크게 이탈되면 특별한 주의를 기울여야 할 것이다.

분석사례

〈그림 15.2〉에서 보면 세 가지 재무비율(총자산순이익률, 총자산대비부채비율, 부채대비현금흐름비율)이 부실기업과 건전기업을 구별하는 유의적인 재무비율로 선택되었다.

먼저 총자산순이익률을 보면 부실기업이 도산하기 5년 전에는 부실기업이나 건전기업이 모두 양(+)의 값을 갖고 10% 미만인 것은 비슷하다. 그러나 도산 3년 전부터 부실기업의 총자산순이익률은 음(-)의 값을 갖고 급격하게 악화되는 것을 볼 수 있다.

그리고 총자산대비부채비율을 보자. 도산 5년 전에 건전기업은 40%, 부실기업은 50% 수준이었으나 부실기업은 도산 1년 전에는 80%까지 높아졌다. 부채대비현금흐름비율도 총자산순이익률과 비슷한 양상을 보이고 있음을 확인할 수 있다.

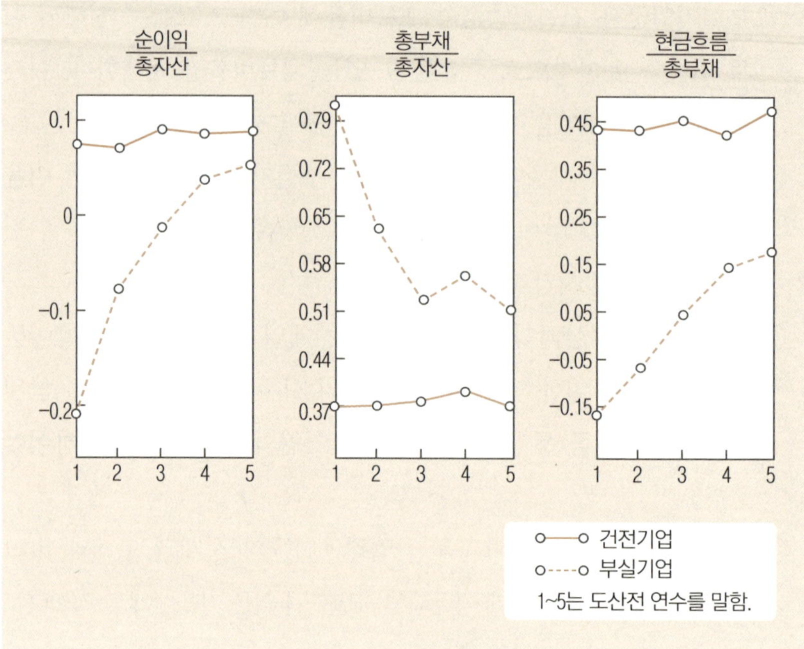

〈그림 15.2〉 프로필분석의 예

2. 판별분석

개 요

개별적인 재무비율에 의해서 기업부실을 예측하다보면 각 비율에 의한 평가결과가 서로 상반되게 나타날 수 있다. 예를 들어서 유동비율로 분석하면 건전기업으로 판단되는데 매출액순이익률로 분석하면 부실기업으로 판단되는 경우이다. 이런 경우에는 판단이 모호하게 되는데 이러한 문제점을 해결하기 위해서 여러 재무비율을 종합적으로 이용할 수 있다.

판별분석이란?

여러 재무비율을 종합적으로 이용해서 기업부실을 예측할 수 있는 대표적인 방법이 판별분석이다. 판별분석의 원리를 그림으로 파악하면 다음과 같다. 즉, 부실기업과 건전기업을 가장 잘 구분할 수 있도록 판별함수를 추정하여 이 함수를 이용해서 기업의 부실화를 예측하는 것이다.

그러나 〈그림 15.3〉에서도 보듯이 판별함수에 의해서 부실기업과 건전기업을 완전하게 구분되는 것은 아니다. 그림의 판별함수는 아래쪽을 부실기업으로, 위쪽을 건전기업으로 분류하고 있는데 이러한 분류에 따르면 건전기업 1개가 부실기업으로 잘못 분류되고 부식기업 2개가 건전기업으로 잘못 분류되고 있음을 볼 수 있다. 그래서 판별함수를 도출할 때에는 분류오차가 가장 작도록 해서 예측력을 높이는 것이 중요하다.

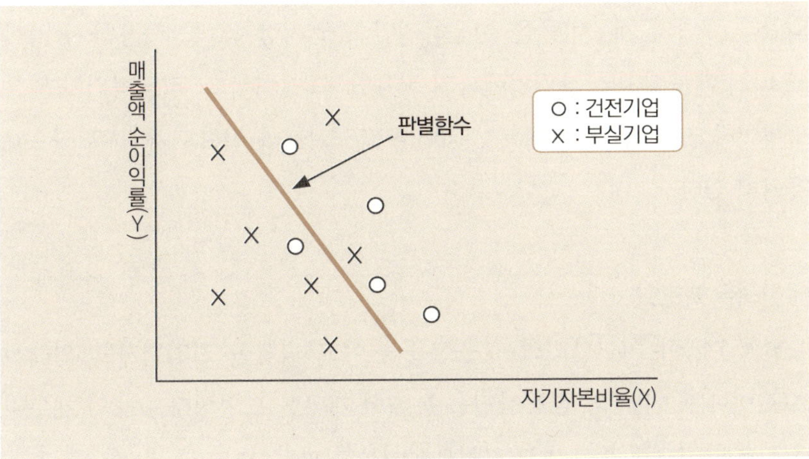

〈그림 15.3〉 판별분석의 예

3. 판별분석의 주요모형

기업의 부실을 정확하게 예측하기 위해서는 무엇보다도 예측력이 높은 판별함수를 개발하는 것이 가장 중요한 작업이다. 많은 학자들과 연구기관에 의해서 여러 가지의 판별함수가 개발되어왔는데 그 중 가장 많이 이용되고 있는 몇 가지 판별함수를 소개하면 다음과 같다.

Z-score Model

기업부실의 예측전문가인 미국의 알트만(E.I.Altman)이 1968년에 개발한 판별함수이다. 이 모형에서는 5개의 재무비율을 이용하는데 그 중에는 증권시장자료가 포함되어 있으므로 상장기업에 적용하기 적합한 모형이라고 할 수 있다.

ZETA Model

이 모형 역시 알트만에 의해서 개발된 판별함수로서 1977년에 소개되었다. 7개의 재무비율을 이용하지만 증권시장자료를 사용하지 않아도 되기 때문에 비상장기업에까지 적용할 수 있어서 그 적용범위가 넓은 모형이다. 또한 앞서 소개된 Z-score Model보다 정확도가 높은 것으로 알려져 있다.

한국은행모형

한국은행이 여신관리의 효율성을 높이고 정확한 기업평가를 위해서 1982년에 KAIST와 공동작업을 통해서 개발한 모형이다. 7개의 재무비율을 종합적으로 이용해서 기업부실여부를 판단한다.

K-score Model

알트만이 1996년에 한국기업의 도산을 예측할 수 있도록 개발한 판별모형이다. 이 모형에서 이용되는 재무비율은 4개뿐이지만 정확도가 높기 때문에 자주 이용되는 모형이다. 구체적인 산출식을 소개하면 다음과 같다.

$$\text{K1 Score} = -17.682 + 1.472X_1 + 3.041X_2 + 14.839X_3 + 1.516X_4$$

여기서 X_1 ; $\log_e$(총자산)
X_2 ; $\log_e$(매출액/총자산), 즉 $\log_e$(총자산회전율)
X_3 ; 이익잉여금/총자산
X_4 ; 자기자본/총부채 (즉, 부채비율의 역수)

이 모형을 이용해서 분석대상기업을 판정하려면 먼저 위 4개의 비율을 산출식에 대입해서 K1 Score값을 구해야 한다. 그리고 그 값을 다음과 같은 기준으로 판단한다.

K1의 범위	판 정 내 용
0.75 < K1	부실가능성은 없음
-2.00 < K1 < 0.75	판정유보
K1 < -2.00	부실가능성이 심각

〈표 15.1〉 K1 Score의 판정

이 모형을 이용한 분석사례를 보면 삼성전자(주)의 경우에는 거의 매년도 10을 넘는 K값이 나와서 우수한 기업임을 보여주고 있다. 이와는 반대로 지금은 건전기업이지만 기아자동차(주)의 경우에는 현대차그룹에 인수되기 직전(1990년대 말)에 K값이 -15정도까지 이르렀다.

4. 판별분석의 응용분야

판별분석은 지금까지 설명한 것과 같이 주로 어떤 기업에 대한 재무분석을 통해서 부실화의 가능성을 판단하는데 이용된다. 그러나 이외에도 다음과 같은 경우에도 유용하게 이용된다.

금융기관의 신용평가

판별분석은 금융기관에서 거래대상기업이나 개인에 대한 신용평가, 소비자금융 및 신용카드신청에 대한 평가에 이용된다. 따라서 기업 및 개인의 기초자료가 전산화되어 있다면 이 방법은 크게 도움이 된다.

기업의 내부통제

판별분석은 기업의 내부통제에도 이용된다. 즉, 경영자는 사업부나 자회사 등을 분석하고 재무상의 문제점을 발견하여 이를 개선하기 위해 필요한 조치를 취할 수 있다.

채권등급평가

미국의 무디스(Moody's)와 스탠다드푸어스(Standard and Poor's), 영국의 피치(Fitch)와 같은 국제적 신용평가기관이나 우리나라의 한국신용평가(주), 한국신용정보(주), 한국기업평가(주) 등이 특정기업이 발행한 채권에 대해서 원금과 이자를 상환하지 못할 가능성을 평가하는데 이때에도 이러한 판별분석기법이 이용된다.

제5부

효율적 자금관리

제16장 자금관리의 기초
제17장 자금관리활동
제18장 현금흐름의 관리
제19장 자금관리에 대한 이해부족

제16장 자금관리의 기초

제1절 자금관리란 무엇인가?

1. 자금관리와 재무관리

자금관리란 재무관리의 한 부분이다. 따라서 재무관리에 대해서 먼저 살펴볼 필요가 있다.

재무관리란 경영학의 한 분야로서 기업자금의 조달과 운용, 기업의 평가, 이를 이용한 투자결정, 그리고 금융시장 등에 관한 이론을 다루는 학문을 말한다. 좀더 간략하게 설명하면 자금의 조달과 운용에 관련된 모든 계획과 통제를 다루는 학문이 재무관리라고 할 수 있는데 구체적으로 살펴보면 다음과 같은 내용으로 구성된다.

구 분	내 용
기업재무	기업의 자금조달과 운용, 투자결정기법, 자본구조이론, 배당정책 등
경영분석	재무제표와 관련자료의 분석을 통한 기업의 평가
투자론	주식, 채권 등 금융자산의 가격결정과정과 투자전략
금융기관론	금리결정원리, 금융기관의 경영기법, 금융시장의 이해

〈표 16.1〉 재무관리의 내용

이러한 내용 중에서 자금의 조달과 운용을 다루는 기업재무활동을 협의의 재무관리라고 하며 자금관리란 주로 이를 말한다.

2. 자금의 의미와 흐름

자금이란?

자금이란 용어는 여러 가지 의미로 다양하게 사용된다. 그래서 현금과 예금을 지칭하기도 하고 당좌자산을 지칭하기도 한다. 그리고 경우에 따라서는 순운전자본(=유동자산−유동부채)을 일컫기도 한다.

그러나 일반적으로 자금이라고 하면 현금과 예금의 합계를 말한다.

기업내의 자금흐름

〈그림 16.1〉은 기업활동과 관련해서 자금이 어떻게 흘러가는가를 보여주고 있다. 이러한 자금흐름을 현금의 유입과 유출이라는 관점에서 단순화시키면 다음과 같이 요약할 수 있다.

현금유입은 제품의 판매, 서비스의 공급, 차입금의 조달, 주식의 발행, 고정자산의 처분 등을 통해서 이루어진다. 그리고 이렇게 유입된 현금은 제품을 생산하거나 서비스를 창출하는 데 필요한 원재료, 노동, 고정자산 등을 구입하거나 이자와 배당을 지급하거나 부채를 상환하면서 외부로 유출된다.

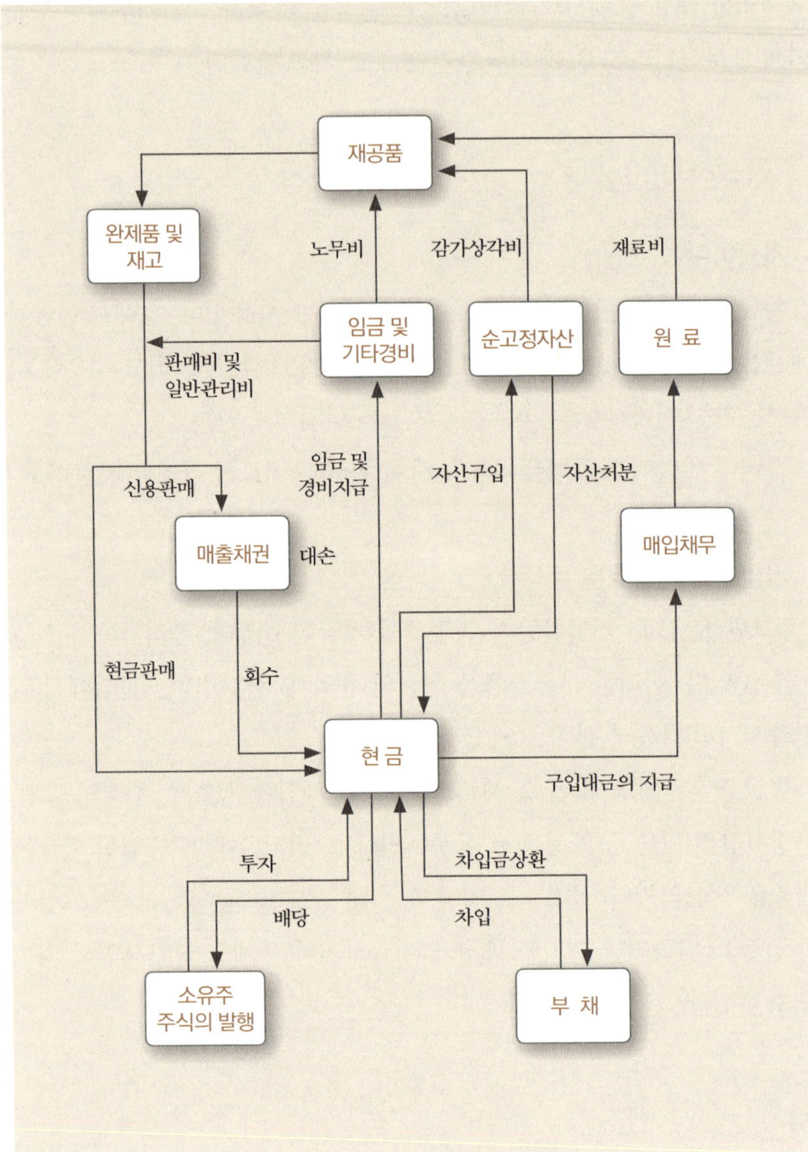

재공품
완제품 및
재고
노무비
감가상각비
재료비
임금 및
기타경비
순고정자산
원 료
판매비 및
일반관리비
임금 및
경비지급
자산구입
자산처분
신용판매
매출채권
대손
매입채무
현금판매
회수
현 금
구입대금의 지급
투자
차입금상환
배당
차입
소유주
주식의 발행
부 채

<그림 16.1> 자금의 흐름

제2절 자금관리의 기능

1. 재무상태표의 이해

기업내의 자금흐름은 기업이 존속하는 한 계속적으로 이루어지는 것이다. 이러한 자금흐름의 관리활동을 재무상태표의 구조를 이용해서 설명한다. 〈그림 16.1〉에서 보는 것처럼 재무상태표의 차변은 원재료, 제품, 기계설비, 건물 등 기업이 보유하고 있는 자산을 표시하고 있다. 그리고 대변은 이러한 보유자산을 취득하기 위해서 어떤 형태로 자금을 조달했는가를 나타낸다. 즉, 대변은 부채와 자본으로 구성되는데 부채가 많으면 자산을 취득하기 위해서 빌린 돈이 많다는 뜻이고 자본이 많으면 자산을 취득하기 위해서 주주가 출자한 돈이 많다는 뜻이 된다.

재무상태표

	차변	대변	
자금운용 →	유동자산	부 채	← 자금조달
	고정자산	자 본	
	자산총계	부채와 자본총계	

〈그림 16.2〉 재무상태표

2. 차변측면

재무상태표의 차변측면에서 볼 때 자금관리의 가장 중요한 기능은 투자결정(investment decision)기능이다. 앞서 말한대로 재무상태표의 차변은 기업이 영업활동을 하기 위해서 보유하고 있는 자산을 나타내고 있다. 이는 곧 조달한 자금을 운용한 상태를 의미하는 것이기 때문에 자금운용에 관한 투자결정이 자금관리의 중요한 기능이 되는 것이다.

자금관리에서는 건물, 토지, 기계설비 등과 같이 비교적 투자금액이 크고 투자효과도 장기간에 걸쳐서 나타나는 고정자산에 대한 투자결정 방법으로서 자본예산(capital budgeting)을 공부하게 된다. 자본예산에서 공부하는 원리는 재무이론 전반에 걸쳐서 이용되기 때문에 매우 중요한 내용이라고 할 수 있다. 이외에 원재료, 제품, 매출채권 등과 같은 유동자산과 관련된 내용은 운전자본관리(working capital management)에서 다룬다.

3. 대변측면

재무상태표 대변은 자산구입, 즉 투자안을 수행하기 위해서 기업이 조달한 자금의 형태를 나타내는 것이다. 이와 관련한 자금관리의 기능은 자본조달결정(financing decision)기능이다. 이때에는 필요자금을 부채로 조달하는 것이 유리한지, 아니면 자기자본으로 조달하는 것이 유리한지를 결정해야 한다. 이러한 결정에서 판단기준이 되는 것은 자본비용(cost of capital)이다. 즉, 자본조달에 따라 부담하게 되는 자본비용을 최소화되도록 자금을 조달해야 한다. 어떻게 자금을 조달해야 자본비용을 가장 작게 하고 동시에 기업가치를 극대화할 수 있는가를 자본구조이론(capital structure theory)에서 다룬다.

그리고 배당정책은 기업의 당기순이익을 주주에게 지급할 배당금과 미래투자를 위한 유보이익으로 나누는 것을 말한다. 이러한 결정은 자본조달과 관련되어 있기 때문에 배당정책(dividend policy)도 자본조달결정의 맥락에서 살펴볼 수 있다.

제3절 자금관리의 목표

경영학의 각론 중에서 재무관리, 특히 자금관리는 회계학과 밀접한 관계에 있다. 그러면서도 기업의 성과를 평가하거나 기업가치를 산출하는데 있어서 중요한 차이점이 있기 때문에 주의할 필요가 있다. 가장 중요한 차이점은 재무관리에서는 주된 평가기준으로 시장가치개념을 따르는데 비해서 회계학은 역사적 원가개념을 따른다는 것이다. 보다 구체적인 내용을 살펴보자.

1. 순이익과 현금흐름

회계학에서는 기업의 1년동안의 성과를 순이익으로 측정한다. 이때의 순이익은 수익에서 비용을 차감해서 산출된 값이다. 그런데 여기서 순이익을 산출할 때에는 회계원칙을 따르도록 하고 있다. 따라서 회계원칙이 변경되면 순이익도 달라지게 되는 것이다.

한편, 자금관리에서는 기업의 성과를 순현금흐름으로 측정한다. 이때의 순현금흐름은 현금수입에서 현금지출을 차감해서 산출한다. 따라서 순현금흐름은 실제로 기업에 유입되는 현금흐름이기 때문에 회계원칙이 변경되어도 달라지지 않는 것이다.

2. 현금흐름이 중요한 이유

자금관리에서는 현금흐름을 가장 중요하게 생각한다. 왜냐하면 기업이 경영활동을 하면서 종업원에게 임금을 지급하거나 원재료를 매입하거나 부채를 상환할 때에 필요한 것은 현금이지 회계상의 순이익이 아니기 때문이다. 회계상의 순이익은 많지만 현금이 부족하면 기업이 파산할 수 있으며 실제로 이러한 흑자도산의 사례를 자주 볼 수 있다.

3. 기업가치의 극대화

회계학에서는 기업가치를 평가할 때에 역사적 원가로 작성된 재무상태표에 표시된 자산총계를 기업가치로 본다. 그러나 자금관리에서는 시장가치로 측정된 자산가치를 기업가치로 평가한다. 따라서 자금관리에서 말하는 재무상태표는 시장가치개념으로 작성된 것으로 보아야 한다.

자금관리의 목표는 기업가치를 극대화시키는 것이다. 그런데 시장가치로 측정된 자산가치는 앞서 설명한 현금흐름과 비례관계에 있다. 즉, 현금유입이 커질수록 기업가치도 커진다. 그래서 자금관리에서는 순이익극대화가 아닌 순현금흐름극대화를 통해서 기업가치극대화를 달성하고자 하는 것이다.

4. 효율적 자금관리란?

효율적 자금관리란 자금관리의 목표인 기업가치 극대화를 달성할 수 있는 자금관리방법을 말한다. 기업가치를 극대화시키기 위한 기본적 원리는 최소의 자본비용으로 자금을 조달해서 최대의 수익률을 얻을 수 있는 투자안에 자금을 운용하는 것이다. 이와 관련된 모든 의사결정문제를 효율적 자금관리라고 할 수 있다.

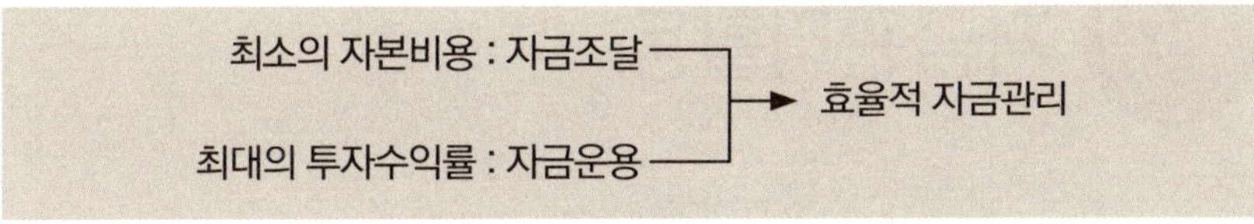

〈그림 16.3〉 효율적 자금관리

제17장 자금관리활동

제1절 자금관리활동의 흐름

1. 자금관리활동의 단계별 내용

네 단계로 구성

자금관리활동의 과정을 크게 분류하면 다음과 같이 네 가지 단계로 구분할 수 있다.

첫째 단계는 재무예측이다. 기업의 과거 재무자료로부터 그 동안의 자금조달과 운용실적에 대하여 분석하고 그 결과를 이용해서 앞으로의 자금계획을 수립하는 것이다.

둘째 단계는 자금조달이다. 자금조달단계에서는 기업의 지불능력과 자금시장의 상황을 고려해야 한다. 그리고 얼마의 자금을, 어떤 방법으로, 어느 시기에 조달할 것인가를 결정하는 것이다.

셋째 단계는 자금운용이다. 즉, 둘째 단계에서 조달한 자금을 첫째 단계에서 수립한 계획에 따라서 원재료구입, 임금지급, 차입금상환이나 시설투자에 사용하는 것이다.

넷째 단계는 자금통제활동이다. 구체적으로는 자금조달과 운용이 계획대로 진행되고 있는가를 계속적으로 체크하여 문제점이 발생하면 즉시 이에 따라서 자금관리활동을 수정하는 것이다.

그림으로 보면

앞서 설명한 자금관리활동의 네 가지 단계별 내용을 그림으로 나타내면 〈그림 17.1〉과 같다.

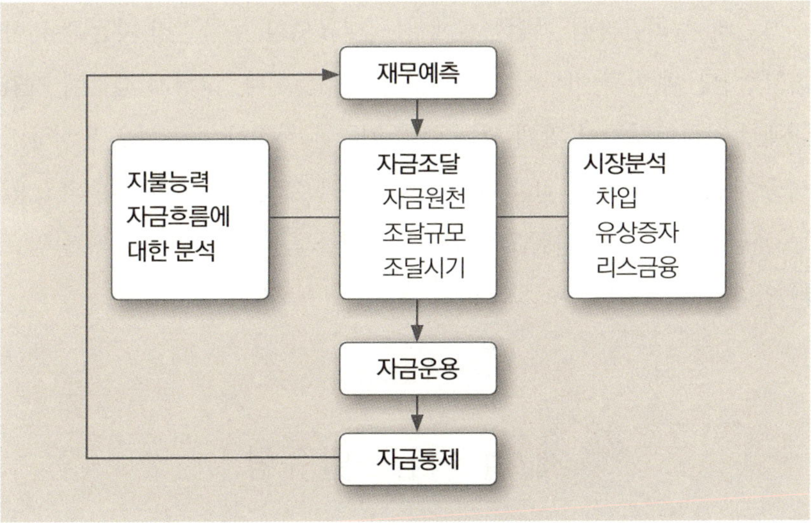

〈그림 17.1〉 자금관리활동의 흐름

2. 자금담당자의 역할

기업의 자금담당자가 수행해야 할 역할은 앞서 설명한 자금관리활동의 내용과 동일하다. 이에 따라서 자금담당자의 역할을 열거하면 다음과 같다.

① 재무예측
② 자금시장의 분석
③ 조달원천의 결정

④ 조달시기 및 조달규모의 결정
⑤ 자금운용과 통제
⑥ 유동성의 유지

그런데 우리나라의 기업현실에서는 대규모의 투자결정(자금운용)이 최고경영진에 의해 이루어지는 경우가 대부분이다. 그렇기 때문에 기업 내에서 자금담당자가 맡게 되는 주된 역할은 적정한 유동성을 유지하면서 투자안을 수행하기 위한 자금을 원활하게 조달하는 데에 집중되고 있는 상황이다. 그래서 자금조달방법의 유형을 좀더 세분해서 살펴볼 필요가 있다.

제2절 자금조달유형

1. 내부조달과 외부조달

기업이 자금을 조달할 수 있는 방법은 다음과 같이 크게 두 가지로 구분할 수 있다.

첫번째 방법은 기업이 벌어들인 이익 중 일부를 배당하고 나머지는 사내에 유보시켰다가 이를 투자를 수행하는 데 사용하는 방법이다. 이를 내부조달방법이라고 한다.

두번째 방법은 금융기관으로부터 차입금을 조달하거나 증권시장에서의 주식 및 회사채를 발행하여 자금을 조달하는 방법이다. 이를 외부조달방법이라고 하는데 기업규모가 커지게 되면 사업활동에 필요한 자금을 내부조달만으로 충당할 수 없기 때문에 외부조달에 의존하게 된다.

2. 직접금융과 간접금융

기업이 필요자금을 외부에서 조달하는 방식 중에서도 증권시장에서 주식이나 회사채를 발행함으로써 일반 투자자로부터 필요자금을 조달하는 방식을 직접금융이라고 한다. 그리고 은행이나 제2금융권 등 금융기관으로부터 장단기 차입금을 조달하는 방식은 간접금융이라고 한다.

우리나라 기업의 자금조달 추이를 살펴보면 1980년대까지는 대부분의 필요자금을 차입금에 의존하여 전체조달규모 중에서 직접금융이 차지하는 비율이 20% 수준에 불과하였으나 1990년대 이후부터는 증권시장의 급신장에 힘입어 직접금융이 차지하는 비율이 40-50%를 상회하고 있다.

증권을 발행하여 증권시장에서 조달되는 자금은 일반적으로 장기적이고 안정적인 자금이기 때문에 설비자금을 조달하는 데 적합하다. 특히 주식으로 조달한 자금에 대해서는 불황으로 기업의 수익이 악화되는 경우 배당을 줄이거나 하지 않아도 되기 때문에 기업의 경기대응력을 높일 수 있다.

또 한편으로는 우리나라의 금융시장이 개방되면서 해외시장에서 자금을 조달하는 경우도 많아졌는데 이 역시 최근에는 중요한 자금조달경로가 되고 있다.

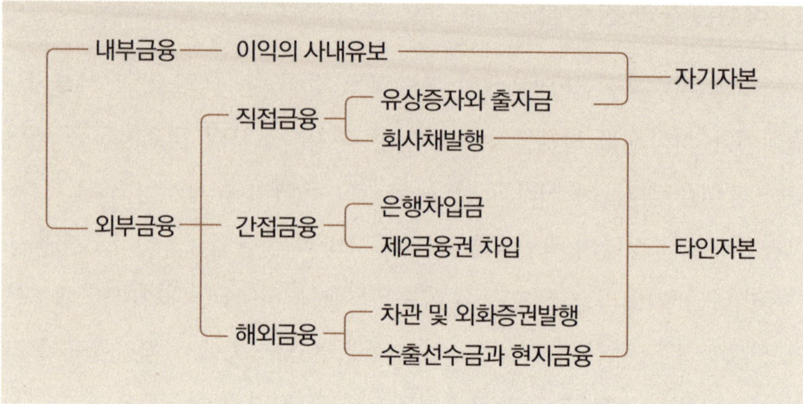

〈그림 17.2〉 자금조달유형

3. 자기자본과 타인자본

자금조달의 유형을 내부금융과 외부금융, 그리고 직접금융과 간접금융 등으로 구분해서 설명하였지만 자금관리에서 가장 중요한 분류기준은 자기자본과 타인자본이다. 자기자본은 주식발행으로 주주에게서 자금을 조달하는 것이고 타인자본은 차입금과 같이 부채를 조달하는 것이다. 타인자본을 간접금융과 혼동할 수 있는데 회사채발행은 직접금융이면서도 타인자본에 속한다는 점이 다르다.

이렇게 타인자본과 자기자본의 분류가 중요한 것은 이들의 자본비용이 서로 다르기 때문이다. 뒤에서 설명하겠지만 자본비용(자금코스트)은 자본을 사용하면서 자본제공자에게 지불하는 대가이다. 기업의 입장에서는 자본비용이지만 자본제공자인 채권자와 주주의 입장에서는 수익이 된다. 채권자는 자본을 제공해준 대가로 이자수익을 받고 주주는 배당수익을 받는다. 그런데 이자는 배당보다 우선적으로 지급받기 때문에 더 안정적이므로 위험도 더 작다. 따라서 채권자의 수익률은 주주의 수익률보다 더 낮은 것이다. 자본제공자의 입장에서 수익은 곧 기업 입장에서는 자본비용이라고 했으므로 타인자본비용은 자기자본비용보다 낮게 된다.

제18장 현금흐름의 관리

제1절 현금흐름표의 이해

1. 현금흐름표의 의미

현금흐름표란?

현금흐름표(cashflow statement)란 기업의 현금흐름을 나타내는 표로서 일정기간 동안 현금의 유입(원천)과 현금의 유출(운용), 그리고 이에 따른 결과에 관한 정보를 제공하는 재무제표이다. 재무상태표, 손익계산서 등의 재무제표 중에서 자금관리차원에서 유용하게 이용할 수 있는 재무제표가 바로 현금흐름표이다.

종전에는 순운전자본을 자금개념으로 한 재무상태변동표가 작성되어 이용되었으나 1994년부터는 보다 유용성을 높일 수 있는 자금개념의 현금흐름표가 등장하였다.

현금흐름표상의 자금개념

현금흐름표에서 의미하는 자금개념은 현금이다. 그런데 이때의 현금이란 좁은 의미의 현금과 예금, 그리고 현금등가물까지 포함하는 것이다.

여기서 현금등가물이란 현금의 단기적 운용을 목적으로 보유하고 있는 유동성이 높은 유가증권으로서 큰 거래비용을 들이지 않고 즉시 현금으로 전환할 수 있는 유가증권을 말한다. 구체적으로는 만기가 3개월 이내에 도래하는 채권이나 환매채 등 단기금융상품이 이에 해당한다.

2. 현금흐름표의 구조

현금흐름표는 기업의 현금흐름을 그 발생원천별로 분류해서 영업활동으로 인한 현금흐름, 투자활동으로 인한 현금흐름, 재무활동으로 인한 현금흐름의 세 가지로 구분하고 있다.

영업활동으로 인한 현금흐름

영업활동이란 기업이 정상적인 영업활동을 하는 과정에서 발생되는 거래를 말한다. 따라서 이러한 거래에서 발생되는 현금흐름을 영업활동으로 인한 현금흐름이라고 하는데 기업의 정상적 활동을 평가하는 데 가장 중요한 현금흐름이다. 구체적으로 여기서 발생하는 현금유출입의 내용은 다음과 같다.

① 현금의 유입: 제품 및 서비스의 매출(매출채권의 회수 포함), 이자수입과 배당금수입 등

② 현금의 유출: 원재료, 상품구입(매입채무의 결제 포함), 종업원 인건비, 법인세비용, 이자비용 등

투자활동으로 인한 현금흐름

투자활동이란 비교적 거래규모가 크면서 기업의 수익활동에 장기적인 영향을 주게 되는 거래를 말하는데 여기서 발생하는 현금유출입의 내용은 다음과 같다.

① 현금의 유입: 대여금의 회수, 유가증권, 투자자산, 유형자산, 무형

자산의 처분 등

② 현금의 유출: 현금의 대여, 유가증권, 투자자산, 유형자산, 무형자산의 취득 등

재무활동으로 인한 현금흐름

재무활동이란 영업활동이나 투자활동에 필요한 자금을 조달하고 이를 상환하는 등의 금융활동을 말하는데 여기서 발생하는 현금유출입의 내용은 다음과 같다.

① 현금의 유입: 장단기 차입금의 차입, 사채의 발행, 주식의 발행 등

② 현금의 유출: 장단기 차입금의 상환, 사채의 상환, 배당금지급 등

제2절 현금흐름표의 예시

현금흐름표

xx년 1월 1일부터 xx년 12월 31일까지

(단위:백만원)

과 목	금 액	
I. 영업활동으로 인한 현금흐름		
1. 당기순이익	1,200	
2. 현금유출이 없는 비용 가산		
가. 감가상각비	2,000	
3. 현금유입이 없는 수익 차감		
가. 외화환산이익	500	
4. 영업활동으로 인한 자산부채의 변동		
가. 매출채권의 감소	100	
나. 재고자산의 증가	-400	
다. 매입채무의 감소	-200	2,200
II. 투자활동으로 인한 현금흐름		
1. 토지의 처분	2,200	
2. 기계장치의 취득	- 500	1,700
III. 재무활동으로 인한 현금흐름		
1. 보통주의 발행	2,000	
2. 차입금의 상환	-4,500	
3. 배당금의 지급	- 500	-3,000
IV. 현금의 증가(감소)		900
V. 기초의 현금		700
VI. 기말의 현금		1,600

〈표 18.1〉 현금흐름표

이제 예로 제시된 현금흐름표를 보면서 이 회사의 자금흐름이 어떤 특징을 갖는지 살펴보자. 이를 위해서는 먼저 전체적인 현금흐름의 틀을 보면서 구체적인 내용을 파악하는 것이 좋다.

전기말의 현금잔액이 700이었는데 당기 중에 현금이 900증가해서 당기말에는 현금이 1,600으로 늘어났다. 그런데 당기에 증가한 현금흐름 총액 3,900(=2,200+1,700) 중 회사 본래의 영업활동으로 늘어난 금액이 2,200으로서 전체의 56% 정도를 차지하고 있다. 이러한 영업활동으로 인한 현금흐름이 차지하는 비중은 높을수록 바람직한 것이다.

투자활동으로 인한 현금흐름은 대체로 고정자산의 취득이나 매각에 따라서 발생하고 재무활동으로 인한 현금흐름은 주식발행, 차입금 조달 또는 상환 등으로 발생한다. 이러한 현금흐름은 불규칙적인 성격을 띠기 때문에 이러한 현금흐름보다는 안정적인 영업활동으로 인한 현금흐름이 더 중요한 것이다.

이 회사의 경우 투자활동으로 인한 현금흐름이 증가한 것은 토지처분금액이 기계취득금액보다 크기 때문이고 기계취득금액은 소액이어서 설비투자에 사용된 자금의 비중이 낮은 것으로 나타난다. 그리고 재무활동으로 인해서는 현금흐름이 감소한 것을 볼 수 있는데 이는 주로 차입금을 상환하는 데에 기인한다.

결론적으로 이 회사의 영업활동은 그런대로 괜찮은 편이지만 차입금 등 부채를 상환하느라고 토지를 매각하고 시설투자는 적게 할 수밖에 없었다. 이러한 시설투자의 감소는 앞으로의 영업활동을 위축시킬 가능성이 보인다. 즉, 현금잔액은 전년도에 비해서 증가하였지만 내용면에서는 그렇게 바람직하다고 보기 어렵다.

제3절 현금예산의 수립

1. 현금예산이란?

현금예산(cash budget)이란 재무예측의 일환으로 현금에 대한 예측과 계획을 수립하는 것을 말한다. 좀더 구체적으로 설명하면 현금의 수입과 지출항목을 예측하여 미래 일정기간 동안의 현금흐름을 파악하고 이에 따른 대책을 수립하는 것이 현금예산의 목적이다.

2. 현금예산수립의 원리

현금예산은 분석자금의 성격에 따라서 월별, 분기별, 연도별로 수립할 수 있지만 기본원리가 되는 등식은 다음과 같다.

기초현금 + 현금수입 − 현금지출 = 기말현금

기초현금

이는 전기 예산기간이 끝나면서 남은 현금으로서 당기 예산기간으로 이월되어 온 금액을 말한다.

현금수입

당기의 현금수입을 예측하려면 먼저 매출액을 예측하는 것이 필수적이다. 자금담당자는 영업부서의 도움을 받아 당기 매출액을 먼저 예측하고 이에 대한 현금회수조건에 따라서 당기의 현금수입을 추정한다.

이러한 영업활동외에 기계설비 등 고정자산의 처분, 투자자산의 매각, 차입금조달 및 주식발행 등에 따른 현금수입도 고려해야 한다.

현금지출

매출액을 기초로 생산계획을 수립한 후 이에 소요되는 재료비, 노무비, 경비 등을 생산부서의 도움을 받아 예측한다. 이외에도 일반관리비 및 각종 부대비용의 발생도 함께 예측해야 하는데 이때에는 대금지급조건을 고려해서 당기의 현금지출을 추정해야 할 것이다.

이러한 영업활동외에 설비투자계획, 차입금의 상환, 배당금의 지급 등에 따른 현금지출도 고려해야 한다.

기말현금

기말현금은 기초현금, 현금수입, 현금지출이 추정되면 위 등식에 의해서 자동적으로 산출되는 금액이다. 그런데 이때에 기말현금수준은 최저현금보유량(minimum cash balance) 이상이 되도록 유지해야 한다.

최저현금보유량은 만약에 발생할 수 있는 긴급사태에 대처할 수 있는 수준의 금액이기 때문에 이보다 높은 수준의 현금을 보유해야만 유동성 부족에 따른 위기상황을 피할 수 있다.

현금수입의 결정요인	현금지출의 결정요인	최저현금보유량의 결정요인
매출액	생산계획에 따른 비용	은행과의 관계
매출대금의 회수정책	구매대금의 지급조건	자금조달경로
고정자산의 처분	시설투자	금융시장의 상황
차입금의 조달	부채의 상환	

〈표 18.2〉 현금수입과 지출의 결정요소

제4절 현금예산의 운영

1. 소요자금의 예측

현금수입에 따라서 소요되는 자금을 구체적으로 산출할 수 있다면 현금예산을 수립할 때에 문제될 것이 없겠지만 그렇지 못하다면 다음과 같이 매출액을 기준으로 소요자금을 예측할 수 있다.

그러나 이때에도 매출액에 대한 예측은 최대한의 정확성을 기하고 만약 상황이 변경될 경우 신속한 수정이 뒤따라야 할 것이다.

매출액백분율법

이 방법은 매출액에서 현재의 자산과 부채를 구성하고 있는 재무제표상의 항목들이 차지하는 비율이 앞으로도 크게 변화하지 않는다고 가정하는 방법이다. 이 방법에 따르면 먼저 매출액을 기준으로 재무상태표의 각 항목을 매출액에 대한 백분율로 표시한다. 그리고 이 백분율을 기초로 매출액의 변화에 따른 각 항목의 변화를 추정해서 앞으로 필요한 자금을 예측하는 방법이다.

회귀식에 의한 방법

이 방법에 따르면 먼저 재무상태표의 각 항목이 매출액과 선형관계에 있다고 가정하여 이들간의 회귀식을 구한다. 그리고 이 회귀식을 이용해서 매출액변화에 따른 필요자금을 예측하는 방법이다. 이 방법은 매출액백분율법에 비해서 보다 과학적이지만 좀 어려운 편이다. 그래서 단기적인 예측보다는 장기적인 예측에 이용되는 편이다.

2. 설비자금과 운전자금

자금담당자가 현금예산을 수립할 때에는 필요한 자금의 특징을 파악하고 그 특징을 고려해서 자금계획을 세워야 한다. 대체로 기업이 필요로 하는 자금은 설비자금과 운전자금으로 분류할 수 있는데 이들의 특징과 자금계획수립시 고려해야 할 사항을 살펴본다.

설비자금계획

설비자금은 대체로 거액의 자금이 조달되고 설비가 취득되기까지 장기적인 건설(공사)기간이 소요되기 때문에 자금의 동결이 수반되는 특징이 있다.

그래서 이러한 설비자금은 반드시 장기적인 성격인 것으로 조달해야 한다. 예를 들어서 유보이익, 각종 적립금, 유상증자, 사채발행 및 장기차입금 등을 통해서 자금을 조달해야 한다. 뿐만 아니라 기존조달자금에서 발생하는 이자비용을 반드시 고려해야 기업의 도산을 막을 수 있다.

운전자금계획

운전자금은 대개 매출액과 비례관계로 움직인다. 그리고 설비자금은 리스 등을 통해서 자금부담을 경감시킬 수 있지만 운전자금수요는 회피할 수 없는 성격의 자금이다. 그래서 운전자금은 기업의 유동성문제와 직결되어 있다.

이러한 운전자금계획을 수립할 때에는 유동성과 수익성의 상충관계를 고려해야 한다. 유동성을 유지하면서 동시에 수익성을 추구할 수 있도록 하는 것이 운전자금계획을 수립하는 데 기본목표가 되어야 한다.

유동자산 - 운전자금 : 수익성과 유동성의 조화

고정자산 - 설비자금 : 장기적 자금으로 조달

<그림 18.1> 운전자금과 설비자금

3. 현금예산의 운영방식

자산의 성격

자금담당자가 앞으로 소요될 자금을 예측하고 나면 이에 맞도록 자금을 조달해야 한다. 자금을 조달할 때에도 소요자금의 성격을 고려해야 한다.

운전자금과 설비자금에 대해 앞서 설명하였는데 대체로 운전자금은 유동자산을 취득하기 위한 것이고 설비자금은 고정자산을 취득하기 위한 것이다.

그런데 이 중 유동자산은 다시 불규칙적으로 변동하는 부분과 영구적인 성격을 띤 부분으로 구분할 수 있다. 그래서 자금관리의 측면에서 볼 때, 자산은 변동적 유동자산, 영구적 유동자산, 그리고 고정자산, 세 가지 성격으로 구분해야 한다.

보수적 · 합리적 · 공격적 방식

자산을 취득할 때에 어떤 자금을 조달하느냐에 따라서 현금예산의 운영방식은 다음과 같이 세 가지 방식으로 구분된다.

① 보수적 방식

변동적 유동자산, 영구적 유동자산, 고정자산 모두를 장기자금으로 조달하여 취득함으로써 파산가능성을 현저히 감소시키는 방식이다. 수익성보다는 유동성을 중시한다.

② 합리적 방식

변동적 유동자산은 단기자금으로 조달하고 영구적 유동자산과 고정자산을 장기자금으로 취득하는 방식이다. 적절한 유동성과 수익성을 유지할 수 있기 때문에 무난한 방식이라고 할 수 있다.

③ 공격적 방식

유동자산은 모두 단기자금으로 조달하고 고정자산만 장기자금으로 조달하여 취득하는 방식이다. 유동성보다는 수익성에 치중하는 방식이기 때문에 경기불황시 위험할 수 있다.

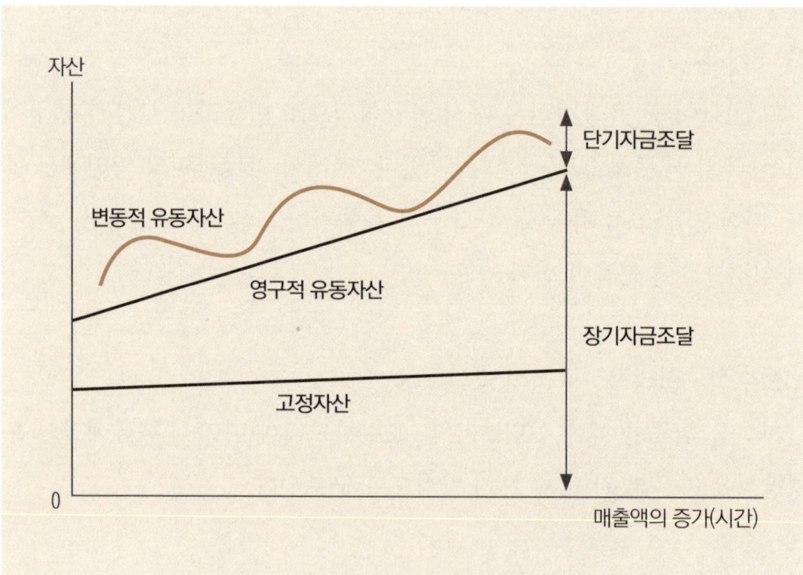

〈그림 18.2〉 현금예산의 합리적 운영방식

제19장 자금관리에 대한 이해부족

제1절 자본시장의 변화

1. 대내적 환경

경기침체와 저금리시대의 도래

전반적인 경기가 불황에서 벗어나지 못하고 과거 일본의 경우와 같이 장기침체 국면을 맞게 된다는 예측이 있다. 특히 2010년대 부동산 경기의 악화 속에서 많은 건설회사들이 심각한 자금난에 시달리고 있는 실정이다. 그리고 실물경기의 침체 속에서 상당히 오랜 기간 동안 연 2-3% 저금리가 지속되고 있으며 이러한 상황은 향후에도 지속될 것으로 예측되고 있다.

금융산업의 변화와 M&A시장의 활성화

금융산업에의 진입과 퇴출이 빈번하게 이루어지고 금융기관들의 상품개발이나 금리적용이 자율화되고 있는 추세이다. 그리고 금융기관의 업무영역도 다양하게 확대되면서 업무영역에 따라서 금융기관을 구분하는 것은 더 이상 의미가 없게 되었다. 또한 M&A시장에 나오는 매물기업들이 많아지면서 기업인수를 위한 가치평가의 필요성이 높아지고 있다.

파생금융상품의 중요성 증대

1996년 주가지수선물, 1997년에는 주가지수옵션이 도입되어 이들 파생금융상품들을 통한 금융위험관리가 가능하게 되었다. 뿐만 아니라 1999년 부산에 개장된 선물거래소시장에서는 달러선물, 금리선물 등의 거래까지 가능하게 되었다. 우리 경제의 해외의존도가 높아지면서 환율변동에 대응하는 위험관리의 차원에서 이들 파생금융상품의 중요성이 증대되고 있다.

2. 대외적 환경

국제적 금융위기의 반복

1990년대 말부터 시작된 아시아의 외환위기가 끝난 후에도 미국에서 시작된 금융위기가 전 세계에 파급되어 2008년부터 글로벌 금융위기로 나타났다. 그리고 유럽 국가들의 재정위기에서 비롯된 금융위기 등이 거듭해서 나타나고 있다. 이제는 국제적 금융위기를 일회성이 아닌 반복되는 현상으로 보고 대비책을 강구해야 하는 상황이 되었다.

금융시장의 통합화

삼성전자, 현대차, 포항제철 등 국내 대표기업들의 주식이 외국증권시장에 상장되었을 뿐만 아니라 국내증권시장에 대해서도 외국인이 직접투자할 수 있는 한도가 폐지되면서 자본시장은 완전한 개방상태가 되었다. 이에 따라서 국내 자본시장은 국제 자본시장의 직접적인 영향권에 있게 되었다. 이는 모든 국가들에서 공통적으로 나타나는 현상이어서 세계금융시장은 신속하고 광범위하게 서로 영향을 주는 양상을 띠고 있다.

경쟁적인 통화확대

미국은 자국 경기의 활성화를 위해서 통화량을 늘리고 저금리를 유지하는 정책, 이른바 양적완화정책을 시행하고 있으며 일본도 장기침체를 벗어나기 위해서 통화량을 늘려서 엔화가치 하락을 유도하고 있다. 이러한 외국의 통화확대정책으로 인해서 원화가치가 상승하여 국내기업의 수출제품들은 가격경쟁력을 상실하게 되는 결과를 맞고 있다.

달러지위의 약화

미국의 재정적자, 무역적자 등으로 달러 가치가 하락하고 있는 가운데 양적 완화정책까지 더해져서 세계경제에서 달러 지위가 약화되고 있다. 이미 유럽 국가들은 1999년에 유럽의 단일통화로 유로화를 출범시켰고 중국은 막대한 미국채권을 보유하면서 무역거래에서 자국통화결제를 통해 위안화의 영향력을 높이고 있다.

제2절 위험관리의 중요성

1. 부채의 위험

부채사용유인

기업들이 부채를 사용하는 이유는 다음과 같이 세 가지로 볼 수 있다.

첫째, 주식발행으로 조달하는 자기자본보다 자금코스트가 낮은 편이이서 부채사용은 평균자본비용을 낮추는 효과가 있기 때문이다.

둘째, 부채사용에 따른 지급이자는 법인세법상 손금처리가 되기 때문에 납부세액을 줄여주는 효과가 있다. 따라서 기업이 실제로 부담하게 되는 자금코스트는 더 낮아지게 된다.

셋째, 우리나라의 경우에는 기업규모가 커지게 되면 그 사회적 파장을 고려해서 정부가 해당기업의 파산을 막아주는 관치금융의 관행이 있었다. 따라서 기업들은 파산비용을 심각하게 고려하지 않는 측면이 있었다.

부채사용의 위험

우리나라 기업들은 계속되는 호황에서 익숙하게 부채를 사용하면서 이러한 부채사용유인을 누려왔다. 그 결과 부채비율이 매우 높아져서 외환위기를 겪으면서 IMF관리체제로 들어가게 된 1997년 말에는 400% 수준에 달하였다.

부채를 사용하면서 부채사용의 유리한 점만을 생각하고 부채사용에 따르는 위험을 간과하였다. 여기서 부채사용의 가장 큰 위험은 재무레버리지효과이다. 재무레버리지는 부채를 사용하면 호황에서 이익이 커질 수 있지만 불황에서는 손실이 더 커지는 것이다. 그 결과 불황에서는 기업의 존립이 어렵게 된다. 1990년대 말 경기가 침체국면으로 진입하면서 많은 기업들이 파산한 것은 부채사용의 위험을 잘 보여주는 사례였던 것이다.

2. 위험관리에 대한 인식부족

부채사용의 위험은 재무관리에서는 전통적인 위험이라고 할 수 있다. 그러나 최근 자본시장을 둘러싼 환경이 급속하게 변화하면서 이에서 비롯되는 위험이 다양해지고 있는 상황이다. 그런데 우리나라 기업들은 이러한 상황에 대응할 수 있는 위험관리기법을 제대로 활용하지 못하고 있는 편이다.

금융선진국에서는 환율변동위험, 이자율변동위험 및 주가변동위험 등 각종 위험을 통제할 수 있는 기법이 개발되어 이용되고 있는데도 불구하고 우리나라기업들은 아직도 이에 대한 이해가 부족하다. 선물, 옵션 등 파생금융상품을 이용한 위험관리기법을 충분히 숙지할 필요가 있다.

3. 다양한 위험관리기법

파생금융상품의 도입

최근 우리나라에는 주가지수선물, 주가지수옵션, 달러선물, 금리선물, 금선물 등 다양한 파생금융상품들이 도입되었다. 이들 파생금융상품은 적은 투자액으로 큰 이익을 얻을 수 있는 방법도 있으나 이는 그만큼의 손실을 볼 가능성도 있는 위험한 것이다. 그러나 이와는 반대로 이들 파생금융상품을 잘 이용하면 기업들은 금융위험을 막고 안정적인 경영활동을 수행할 수도 있다.

위험관리의 사례

실제 사례로 IMF사태에서 외화단기차입금에 크게 의존하였던 많은 리스회사들이 부도를 맞는 등 큰 어려움을 겪을 때 신한리스(주)의 경우에는 외환선물을 이용해서 위험관리를 해 놓은 결과 450억원 정도의 환손실을 막은 바 있다. 그리고 오히려 리스회사 중 매우 높은 순이익을 올려서 업계에서의 더욱 확고한 위치를 갖게 되었다.

이와는 반대로 위험관리를 제대로 이용하지 못하고 큰 피해를 가져온 사례도 있다. 키코(KIKO)는 2008년에 환율변동위험을 관리하는 차원에서 만들어진 파생금융상품인데 오히려 이를 이용한 견실한 기업들이 이로 인해서 파산하는 결과가 빚어졌다. 대표적으로 태산엘시디(주)라는 기업은 영업활동은 건전했는데도 키코에서 입은 손실이 8,000억원이나 되어서 결국 문을 닫게 되었다.

이용할 수 있는 위험관리기법

우리나라에 도입된 각종 파생금융상품을 고려해서 투자자의 유형별로 위험관리를 위해서 활용할 수 있는 기법들을 소개하면 다음과 같다.

투자자의 유형	이용가능한 관리기법
주식보유자	주가지수옵션, 주가지수선물
채권보유자, 금융기관	금리선물, ALM
외환보유자	외환선물, 스왑

〈표 19.1〉 위험관리기법

제3절 금리에 대한 올바른 이해

우리나라 기업들의 자금담당자들 중에는 금리에 대해서 정확한 개념을 갖지 못하고 있는 것을 종종 보게 된다. 금리는 이자율이라고도 하는데 자금을 사용하는 대가로 지불하는 비용이라고 생각하면 된다. 그런데 이러한 금리는 다양한 개념과 여러 용어로 표현되기 때문에 혼동하기 쉽다. 정확한 개념과 산출방법을 설명한다.

1. 단순금리와 할인금리

단순금리

만기일에 원금과 이자를 함께 지급하는 조건, 즉 이자의 후납조건에서 차입할 경우의 금리수준은 단순히 이자비용을 차입금액으로 나누어 계산하는데 이를 단순금리라고 한다. 가장 많이 사용되는 이자율개념이다.

$$단순금리 = \frac{이자금액}{차입금액}$$

할인금리

그러나 이자를 차입시점에서 지급하는 조건, 즉 이자의 선납조건에서 차입할 경우에는 기업이 실제로 사용하는 금액이 대출금액에서 이자금액을 차감한 금액이 된다. 이때에 기업이 실제로 부담하는 금리는 단순금리보다 더 높은 수준이 되는데 이를 할인금리라고 한다. 대표적인 예가 어음을 할인할 때에 부담하는 금리가 이에 해당한다.

$$할인금리 = \frac{이자금액}{차입금액 - 이자금액}$$

예제 이자는 12만원을 지급하는 조건으로 1년간 100만원을 차입할 예정이다.

① 이자를 1년후 원금을 상환하면서 지급하는 경우 차입자가 부담하는 금리수준은?

② 이자를 차입시점에서 지급하는 경우 차입자가 부담하는 금리수준은 얼마인가?

풀이

① 이자후납조건의 경우는 단순금리로서 다음과 같이 산출한다.

$$\frac{12\text{만원}}{100\text{만원}} = 12\%$$

② 그런데 이자선납조건의 경우 기업이 부담하는 금리수준은 다음과 같다.

$$\frac{12\text{만원}}{100\text{만원} - 12\text{만원}} = 13.64\%$$

2. 표시금리와 실효금리

표시금리

표시금리란 차입자가 표면상 부담하는 약정이자율을 말한다. 그런데 이때의 이자율은 차입금에 대한 이자를 연 1회에 전액 지급하는 경우를 기준으로 산출된 것이다. 즉, 금리가 12%라고 한다면 이는 만기에 가서 원금의 12%에 해당하는 이자를 한 번에 지급하는 것이다. 이때의 금리가 표시금리인 것이다.

실효금리

현실적으로는 이자를 1년에 한 번 지급하는 경우보다 월별 또는 분기별로 나누어서 지급하는 경우가 더 많다. 만약 연 12%의 이자를 분기마다 3%씩 지급하거나 매월 1%씩 지급한다면 이는 12%보다 높은 금리를 부담하는 것이 된다. 이렇게 1년내에 이자의 지급회수가 늘어나게 되면 이에 따른 효과를 금리에 반영해야 하는데 이렇게 산출된 금리를 실효금리라고 한다. 1년에 m회 이자를 지급한다고 할 때에 실효금리는 다음과 같은 산식으로 산출된다.

$$\text{실효금리} = \left(1 + \frac{\text{표시금리}}{m}\right)^{m} - 1$$

예제

① 1년 후 이자와 원금 112만원을 상환하는 조건으로 현시점에서 100만원을 차입할 경우의 금리는 얼마인가?

② 만약 이때에 반년 후 6만원을 지급하고 나머지 이자는 1년후 원금을 상환하면서 지급한다면 차입자가 부담하는 금리수준은?

③ 이자 12만원을 분기로 나누어서 3개월마다 3만원씩 지급한다면 차입자가 부담하게 되는 금리수준은?

풀이

① 이자후납조건이면서 표시금리이다. 다음과 같이 산출한다.

$$\frac{12만원}{100만원} = 12\%$$

② 반년마다 6만원씩 지급하면 연 2회의 이자지급조건이다. 이때의 실효금리는 다음과 같다.

$$(1+\frac{0.12}{2})^2 - 1 = 0.1236\ (12.36\%)$$

③ 분기마다 3만원씩 지급하면 연 4회의 이자지급조건이다. 이때의 실효금리는 다음과 같다.

$$(1+\frac{0.12}{4})^4 - 1 = 0.1255\ (12.55\%)$$

이 예제에서 보듯이 이자지급회수가 늘어날수록 부담하게 되는 실효금리수준은 더 높아진다.

3. 꺾기가 있는 경우

규제금리와 실세금리

규제금리는 금융기관의 대출금리로서 감독기관으로부터 규제를 받는 금리수준을 말한다. 이를 공금리라고도 하는데 이 금리수준은 대개 정책적인 차원에서 결정되기 때문에 비교적 낮은 수준이다. 그러나 자금시장에서는 이러한 규제와 무관하게 자금에 대한 수요와 공급에 의해서 시장금리가 형성되는데 이를 실세금리라고 말한다.

꺾기란?

대출을 받으면서 금융기관으로부터 일정한 금액의 예금을 요구받는 경우가 있다. 이를 '꺾기'라고 하고 이때에 요구하는 예금을 보상예금(compensating balance)이라고 한다. 물론 이러한 예금에 적용되는 이자율은 대출이자율보다 훨씬 낮다. 그래서 금융기관들은 꺾기를 통해서 표면상으로는 규제금리를 지키는 것처럼 하면서 실제로는 대출금리를 실세금리에 맞출 수 있는 것이다.

꺾기가 있는 경우 부담하게되는 금리수준은 다음과 같이 산출한다. 이때에 수입이자는 보상예금에서 발생하는 것을 말한다.

$$\text{부담금리} = \frac{\text{순이자지급액}}{\text{순차입금액}} = \frac{\text{지급이자} - \text{수입이자}}{\text{차입금액} - \text{보상예금}}$$

예제 100만원의 자금이 필요해서 차입금을 조달하는데 은행에서는 연 12%를 적용하되 차입금의 20%에 해당하는 예금을 요구하고 있다.

① 얼마의 금액을 차입해야 필요한 자금을 조달할 수 있는가?

② 예금이자율은 4%라고 하면 실제로 부담하게 되는 금리수준은 얼마인가?

풀이

① 20%의 예금후 순차입금액이 100만원이 되어야 하므로 차입금액을 B라고 하면 다음이 성립되어야 한다.

$(1-0.2)\times B = 100$만원 $\therefore$ 차입금액 $B = 125$만원

② 125만원을 차입하지만 25만원은 다시 예금해야 하므로 순차입금액은 100만원이 된다. 그리고 1년간 이자지급액은 125만원×12%=15만원이지만 보상예금에서의 수입이자 25만원×4%=1만원을 차감한 14만원이 순이자지급액이다. 따라서 실제 부담금리는 다음과 같이 산출된 14%가 된다.

$$\frac{15\text{만원}-1\text{만원}}{125\text{만원}-25\text{만원}} = \frac{14\text{만원}}{100\text{만원}} = 14\%$$

제6부

자본조달과 투자결정

제20장 화폐의 시간가치

제21장 자본조달과 자본비용

제22장 투자결정과 자본예산

제20장 화폐의 시간가치

제1절 두 가지 재무의사결정

1. 자본조달과 투자결정

경영자는 기업활동을 수행하면서 다음과 같은 두 가지의 중요한 의사결정문제에 직면하게 된다.

첫째는 자금의 조달과 관련된 의사결정문제이다. 즉, 사업에 필요한 자금을 조달해야 하는데 은행차입, 회사채발행, 리스, 주식발행 등 다양한 조달방법이 있다. 이 중에서 어떤 방법으로 조달할 것인가를 결정해야 하는데 이때에는 자본비용이 가장 작은 방법을 선택해야 한다.

둘째는 이렇게 조달된 자금으로 투자를 해야 하는 투자결정문제이다. 투자는 기계설비를 구입하는 것부터 신제품 개발을 위한 공장을 세우거나 더 크게는 새로운 회사를 설립하는 것까지 포함된다. 이때에는 수익성이 가장 큰 투자안을 선택하면 될 것이다.

그런데 이러한 두 가지 결정문제는 개별적으로 이루어지는 것이 아니라 서로 연관되어 영향을 미치기 때문에 분석과정이 간단하지 않다. 이러한 분석을 체계적으로 이해하기 위해서 먼저 이해해야 할 것이 화폐의 시간가치에 대한 개념이다. 이는 재무관리의 거의 모든 분야에서 경제적 의사결정을 수행할 때에 고려해야 하기 때문에 우선적으로 살펴본다.

2. 시간개념의 중요성

지금 100만원을 줄까? 아니면 내년에 100만원을 줄까? 하고 묻는다면 누구나 지금 100만원을 달라고 할 것이다. 그 이유는 지금의 100만원이 내년에 들어 올 100만원보다 더 가치가 크다고 생각하기 때문이다. 이처럼 동일한 금액이라도 어느 시점에서 평가하느냐에 따라서 그 가치가 달라지게 되는데 이를 화폐의 시간가치(TVM: Time Value of Money)라고 한다.

이렇게 사람들은 동일한 금액이라면 현재의 현금을 미래의 현금보다 선호하는데 이러한 성향을 시간선호(time preference)라고 한다. 이러한 성향을 갖게 되는 이유로는 대체로 다음과 같은 것들을 들 수 있다.

첫째, 현재의 현금은 유리한 투자기회에 투자할 경우 미래에는 더 큰 금액이 될 수 있기 때문이다.

둘째, 만약 물가가 상승하면 화폐가치가 떨어져서 미래의 현금은 현재의 현금보다 구매력이 떨어지게 되기 때문이다.

셋째, 현재의 현금은 확실한 금액이지만 미래에 유입될 현금은 앞으로 어떤 사건이 발생하느냐에 따라서 어떻게 될지 모를 불확실한 금액이기 때문이다.

제2절 미래가치

1. 일시불

미래가치(future value)란 현재의 현금이 미래의 일정시점에서 볼 때는 얼마로 평가되는가를 나타내는 것이다. 이때 평가대상이 되는 현금흐름의 양상에 따라서 일시불과 연금의 경우로 구분할 수 있다.

일시불의 미래가치

일시불(one payment)의 경우 미래가치란 현재의 일정금액(P_0)을 미래의 일정시점에서 평가하여 산출한 가치(P_n)를 말한다. 이때에 이자율을 R이라고 하면 미래가치는 다음 식으로 평가된다. 이는 이자금액을 재투자한다고 가정하기 때문에 이렇게 미래가치를 구하는 것을 복리계산(compounding)한다고 한다.

$$P_n = P_0 (1+R)^n$$

이때에 $(1+R)^n$은 현재 1원의 n 시점에서의 가치를 나타내는데 이를 미래가치계수 또는 복리계수(CVIF: compound value interest factor)라고 하며 계산의 편의를 위해서 이자율(R)과 기간(n)별로 구분해서 미리 산출해 놓은 복리표를 이용한다. 복리계수는 부록의 〈표1〉에 제시되어 있다.

적용사례

이러한 개념이 적용되는 대표적인 예를 들면 현재시점에서 일정한 금액을 정기예금에 들고 만기에 가서 수령하게 되는 원리금을 계산하는 것과 같은 것이다.

> **예제** 현재 연이자율은 10%이다. 현재금액 100만원의 1년 후 미래가치와 3년 후 미래가치는 각각 얼마가 되는가?

풀이

① 1년 후 미래가치는 다음과 같이 계산된다.

100만원 × (1+0.1) = 110만원

② 그리고 3년 후 미래가치는 다음과 같이 계산된다.

100만원 × $(1+0.1)^3$ = 133.1만원

이러한 내용을 그림으로 보이면 다음과 같이 나타낼 수 있다.

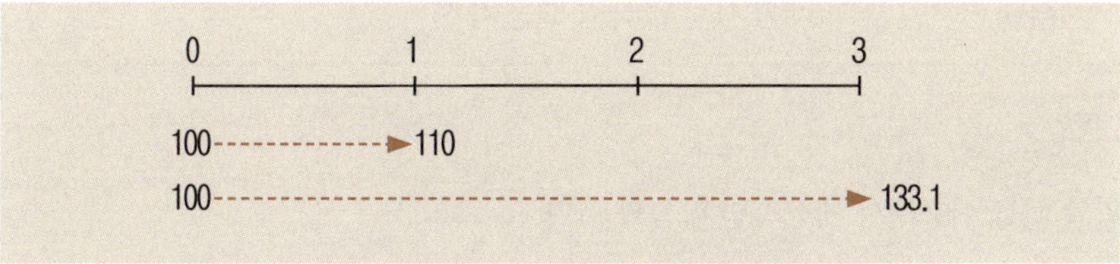

〈그림 20.1〉 일시불의 미래가치

2. 연금

연금의 미래가치

매기말 일정금액(C)을 수령하는 현금흐름을 연금(annuity)이라고 한다. 그리고 연금의 최종수령시점에서 이러한 현금흐름의 총가치를 평가한 값을 연금의 미래가치라고 하는데 다음 식으로 산출된다.

$$P_n = C\frac{(1+R)^n - 1}{R}$$

이때에 $\frac{(1+R)^n - 1}{R}$ 은 매기말 1원씩 수령하는 연금의 n 시점에서의 가치를 나타내는데 이를 연금의 복리계수(CVIFA: CVIF for annuity)라고 한다. 이 역시 계산의 편의를 위해서 연금복리표를 이용하게 되는데 부록의 〈표 2〉에 제시되어 있다.

적용사례

이에 해당하는 대표적인 예를 들면 정기적금을 들고 만기의 원리금을 계산하는 것과 같은 것이다.

> **예제** 현재 연이자율은 10%이다. 3년 동안 매년말에 100만원씩을 예금하면 3년 후 미래가치는 얼마가 되는가?

풀이

위의 식을 이용해서 계산하면 다음과 같다.

$$100\text{만원} \times \frac{(1+0.1)^3-1}{0.1} = 331\text{만원}$$

그리고 이 내용을 그림으로 나타내면 다음과 같다.

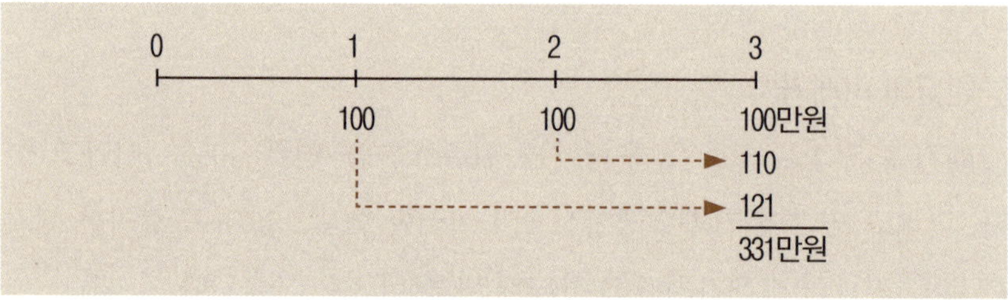

〈그림 20.2〉 연금의 미래가치

제3절 현재가치

1. 일시불

일시불의 현재가치

현금흐름의 현재가치를 구하는 과정은 미래가치를 구하는 과정과 역관계에 있다. 즉, 일시불의 경우 현재가치란 미래 일정시점(t=n)에서 발생할 현금흐름을 현재시점에서 평가하여 계산한 가치를 말하는데 다음 식으로 계산한다.

$$P_0 = \frac{P_n}{(1+R)^n}$$

이처럼 미래의 현금흐름에 대한 현재가치를 구하는 과정을 할인(discount)한다고 한다. 그리고 이때에 $\frac{1}{(1+R)^n}$ 은 n시점에서 발생할 1원의 현재가치를 나타내는데 이를 현재가치계수 또는 간단하게 줄여서 현가계수(PVIF : present value interest factor)라고 한다. 이 역시 기간과 이자율별로 미리 계산해 놓은 현가표를 이용하면 편리하다. 이는 부록의 〈표 3〉에 제시되어 있다.

적용사례

이렇게 일시불의 현재가치를 계산하는 예를 들면 만기가 도래하기 이전에 어음을 할인해서 현금으로 수령하는 것과 같은 것이다. 또한 만기까지 지급되는 이자는 없다가 만기에 원금만 상환해 주는 할인채권의 경우에 중도매각시 받게 되는 금액을 산출하는 것도 이에 해당한다.

예제 만기가 1년 후에 도래되는 액면금액이 50만원인 채권을 갖고 있다. 이 채권은 만기에 가서 원금만 지급하고 중도에 지급되는 이자는 없는, 이른바 할인채권이다. 채권시장에서 연 10%로 할인한다면 현재 얼마의 현금을 받을 수 있는가? 만약 다른 조건은 똑같고 만기까지 남은 기간이 2년인 채권이 있다면 이를 할인할 경우에는 얼마의 현금을 받게 되는가?

풀이

① 1년 후 만기가 도래되는 할인채권의 경우는 다음과 같이 계산된다.

$$\frac{50\text{만원}}{(1+0.1)} = 45.5\text{만원}$$

② 그리고 2년 후 만기가 도래되는 할인채권은 다음과 같이 계산된다.

$$\frac{50\text{만원}}{(1+0.1)^2} = 41.3\text{만원}$$

이러한 내용을 그림으로 보이면 다음과 같이 나타낼 수 있다.

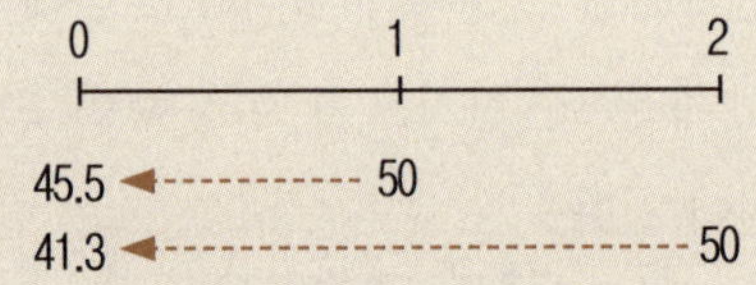

〈그림 20.3〉 일시불의 현재가치

2. 연금

연금의 현재가치

연금의 현재가치는 매기말 일정금액(C)을 수령할 때 이를 현재가치로 환산한 것 모두 더한 값이다. 그 값은 다음 식으로 계산한다.

$$P_0 = C\left[\frac{1}{R} - \frac{1}{R(1+R)^n}\right]$$

이때에 $\left[\frac{1}{R} - \frac{1}{R(1+R)^n}\right]$은 매기말 1원씩 n년간 지급되는 연금의 현재가치를 나타내는데 이를 연금의 현가계수(PVIFA : PVIF for annuity)라고 하며 연금현가표를 이용할 수 있다. 연금의 현가계수는 부록의 〈표 4〉에 제시되어 있다.

적용사례

이에 대한 예를 들면 원리금을 매기 일정한 금액으로 균등분할하여 상환하는 조건으로 조달하는 차입금이 이에 해당한다. 또한 일정한 기간 동안 매번 동일한 금액으로 받게 되는 연금을 일시에 받을 수도 있다면 일시에 받게 되는 금액이 바로 그 기간 동안 받게 될 미래 연금의 현재가치에 해당하는 것이다.

예제 앞으로 3년 동안 매년말에 100만원씩의 연금을 받게 되었다. 이를 현재시점에서 일시불로 받는다면 얼마를 받을 수 있는가? 단, 시장이자율은 연 10%이다.

풀이

위의 식을 이용해서 계산하면 다음과 같다.

$$100\text{만원} \times \left[\frac{1}{0.1} - \frac{1}{0.1(1+0.1)^3}\right] = 248.6\text{만원}$$

그리고 이 내용을 그림으로 나타내면 다음과 같다.

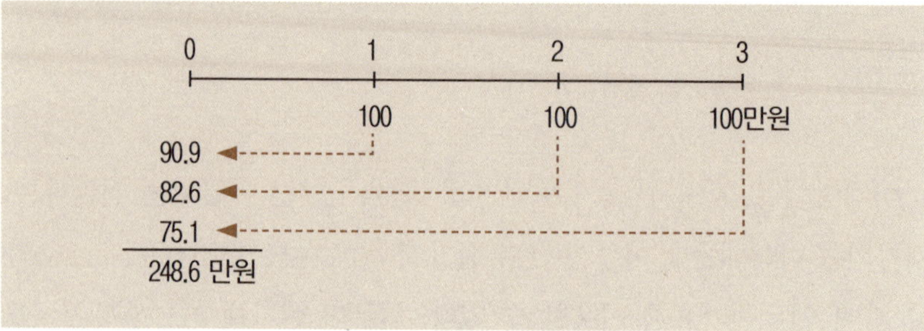

<그림 20.4> 연금의 현재가치

3. 영구연금

영구연금의 현재가치

영구연금(perpetuity)이란 일정한 금액의 현금흐름이 영원히 계속되는 것을 말한다. 최근에는 우리나라에도 도입되었는데 만기가 없고 무한히 이자만 수령하게 되는 영구채권(consol)의 경우가 이러한 현금흐름에 해당하는 예이다.

이러한 현금흐름의 현재가치는 무한등비급수의 합계로 나타낼 수 있어서 다음과 같은 식으로 정리된다.

$$P_0 = \frac{C}{R}$$

회계에서 중요한 가정 중 계속기업(going concern)이라는 가정이 있다. 이 가정은 특별한 반증이 없으면 기업을 무한하게 존속하는 존재로 본다는 것인데 이에 따라서 기업이 벌어들이는 현금흐름도 무한히 계속된다고 본다. 그렇다보니 이러한 무한연금의 현재가치를 구하는 식이 기업가치 또는 투자안가치를 평가하는데 많이 이용된다.

예제 앞으로 매년 말에 10만원씩 배당해주는 주식이 있다. 할인율이 8%라고 하면 이 주식의 가격은 얼마인가?

풀이

위의 식을 이용해서 계산하면 다음과 같다.

$$\frac{10\text{만원}}{8\%} = 125\text{만원}$$

이는 125만원을 예금하고 이 예금을 찾지 않는다면 매년 8%에 해당하는 이자 10만원을 영구히 받을 수 있다는 의미와 같은 것이다.

항상성장모형

매년 일정한 현금흐름이 계속되는 앞서와 같은 경우 말고 현금흐름이 매년 증가하는 경우가 있다. 예를 들어 기업이 성장하면 매년 벌어들이는 현금흐름도 증가할 것이다. 여기서 증가율을 g라고 하고 이 값이 일정하다면 이렇게 증가하는 영구연금의 현재가치도 무한등비급수의 합계로 구해서 다음과 같은 식으로 나타낼 수 있다.

$$P_0 = \frac{C_1}{R-g} \qquad (\text{단, } C_1\text{은 첫해 말 금액})$$

이때 증가율 g 값을 일정하게 가정하였기 때문에 위 식을 항상성장모형 또는 일정성장모형(constant growth model)이라고 한다.

예제 올해 말에 10만원을 배당하는 주식이 있다. 그런데 내년부터 매년 3%씩 배당금을 늘려서 지급할 예정이다. 할인율이 8%라고 하면 이 주식의 가격은 얼마인가?

풀이

위의 식을 이용해서 계산하면 다음과 같다.

$$\frac{10\text{만원}}{8\%-3\%} = 200\text{만원}$$

매년 3% 늘어나는 배당을 지급하므로 매년 일정한 금액으로 10만원씩 배당하는 주식보다 현재가치가 75만원(=200-125만원)만큼 더 큰 것이다.

제4절 화폐의 시간가치 적용분야

화폐의 시간가치가 적용되는 분야로 중요한 세 가지를 들면 첫째는 기업의 자본구조를 분석할 때에 자산가치, 부채가치, 자본가치를 구하는 것을 들 수 있고 둘째는 주식과 채권의 가격을 구하는 것을 들 수 있다. 셋째는 투자결정문제인데 특히 이러한 실물투자와 관련된 의사결정문제를 다루는 것을 자본예산이라고 한다. 첫째, 둘째 분야에 대해 먼저 설명하고 자본예산의 내용은 뒤에서 설명한다.

1. 재무상태표와 손익계산서의 관계

계속기업(going concern)을 전제로 한다면 손익계산서상의 영업이익의 현재가치가 자산, 지급이자의 현재가치가 부채, 순이익의 현재가치가 자본이 된다.

여기서 기업은 특별한 사유가 없으면 계속적으로 존재할 것이므로 영업이익의 현재가치를 계산하거나, 지급이자의 현재가치를 계산하거나, 또는 순이익의 할 때에 모두 영구연금의 현재가치를 계산하는 방식을 이용해서 자산, 부채, 자본의 가치가 산출되는 것이다.

〈그림 20.5〉 화폐의 시간가치개념으로 보는 손익계산서와 재무상태표

그래서 이때의 손익계산서는 기업회계기준을 적용해서 작성된 것이 아니고 현금흐름기준을 적용해서 작성된 것으로 이해해야 한다. 그리고 재무상태표 역시 기업회계기준을 적용해서 작성된 것이 아니고 시장가치기준을 적용해서 작성된 것이다. 실제로 재무상태표에서 자본의 가치를 측정할 때에는 증권시장의 자료를 이용해서 현재 1주당 가격에 발행주식수를 곱하여 산출한다.

2. 주식과 채권의 평가

주식가격

우리가 주식을 매입해서 이를 팔지 않고 계속 보유하게 되면 배당금을 받게 된다. 따라서 배당금의 현재가치를 구하면 이 값이 주식가격이 된다. 그런데 현실적으로 주식가격은 증권시장에서의 수요와 공급에 의해서 결정된다. 이렇게 수요와 공급에 의해서 결정된 값이 미래 배당금의 현재가치라고 이해하면 된다.

예제 삼성전자(주)는 주주들에게 매년 말에 7,000원씩의 배당금을 지급할 것이다. 이 현금흐름에 대한 할인율이 연 10%라고 할 때에 삼성전자의 주식가격은 얼마가 되는가?

풀이

삼성전자(주)는 계속기업이므로 이 주식을 갖고 있는 주주는 영원히 7,000원씩의 현금흐름을 받게 될 것이므로 이의 현재가치를 다음과 계산한다.

$$\frac{7{,}000\text{원}}{10\%} = 70{,}000\text{원}$$

채권가격

이제 채권을 보유할 경우 얻게 되는 현금흐름을 생각해 보자. 채권을 갖고 있게 되면 일정기간 동안 이자를 받다가 만기에 원금을 받게 되므로 이자와 원금의 현재가치를 구하여 합하면 이 값이 채권가격이 된다.

채권가격도 현실적으로 채권시장에서 수요와 공급에 의해서 결정된다. 일반적으로 채권가격은 채권수익률로 표현하는 경우가 많은데 채권수익률은 현재의 채권가격과 미래의 현금흐름사이의 관계로 산출되는 것이다.

예제 현금이 급하게 필요해서 보유하고 있는 공채 중에서 액면금액은 100,000원이고 표면이자율이 5%이며 만기가 2년 남은 공채를 매각하려고 한다. 시장의 채권수익률이 연 10%일 때 얼마의 현금을 받을 수 있을까?

풀이

먼저 채권의 이자금액 5,000원(=100,000×5%)의 현재가치를 구한다.

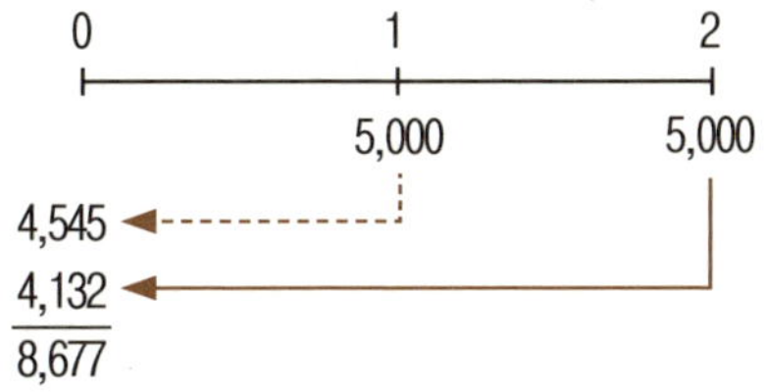

그리고 2년 후 만기에 받게 되는 원금 100,000원의 현재가치를 구한다.

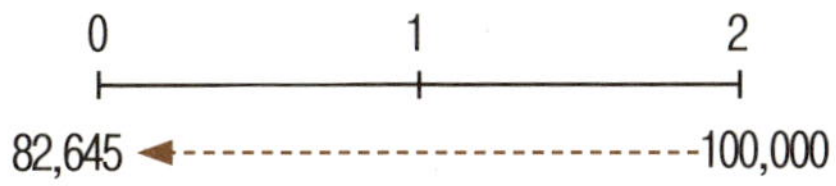

그래서 이 채권을 매각하면 91,322원(=8,677+82,645)을 받게 된다.

제21장 자본조달과 자본비용

제1절 자본비용이란?

1. 자본조달과 자본비용

기업이 경영활동을 수행하는데 필요한 자금은 다양한 형태로 조달하게 된다. 은행에서 차입금을 조달할 수도 있고 회사채 또는 주식을 발행해서 증권시장에서 조달할 수도 있다. 최근에는 자금조달방법이 더욱 다양해져서 리스를 이용하거나 전환사채, 신주인수권부사채, 전환우선주와 같은 혼합증권을 발행하기도 한다.

어떤 형태로 자금을 조달하더라도 이렇게 조달한 자금에 대해서는 자금제공자에게 사용대가를 지급해야 한다. 만약 부채로 자금을 조달하였다면 채권자에게는 만기까지 이자를 지급해야 할 것이고 주식발행으로 자금을 조달하였다면 주주에게는 배당을 지급해야 한다. 자본비용이란 이와 같이 자본을 사용하는 대가로 자본제공자들에게 지급하는 비용을 말한다.

이러한 자본비용은 대개 조달자금에 대해서 연간 지급해야 하는 사용대가의 비율로 측정하기 때문에 연 15%, 연 20% 등과 같이 표현한다.

2. 기능 및 중요성

기업활동에 필요한 자금을 조달할 때에는 자본비용을 가장 작게 부담하는 방법으로 조달해야 한다. 자본비용을 최소화한다는 것은 그만큼 수익성 있는 사업을 많이 수행할 수 있는 것이기 때문이다. 그리고 이렇게 수익성 있는 사업을 많이 갖게 되면 그만큼 기업가치는 크게 되는 것이다.

그래서 자본비용은 어떤 투자안을 채택할 것인가 또는 기각할 것인가를 결정하기 위한 기준(cut-off rate)이 되며 기업가치를 떨어뜨리지 않기 위해서 투자안으로부터 벌어들여야 할 최소한의 수익률이 되는 것이다.

제2절 타인자본비용

1. 부채의 자본비용

기업이 투자에 필요한 자금을 조달하는 방법이 다양하지만 크게 보면 두 가지로 구분할 수 있다. 첫째는 부채를 조달하는 경우이고 둘째는 자기자본을 조달하는 경우이다. 부채를 조달한다 함은 은행에서 차입하거나 증권시장에서 회사채를 발행해서 자금을 조달하는 것이다. 이렇게 조달한 자금이 재무상태표상의 부채로 계상되는데 이 부채에 대해서 지급해야 할 이자비용이 부채의 자본비용이 된다. 그런데 부채는 타인자본이라고도 하기 때문에 부채의 자본비용을 타인자본비용이라고 하는 것이다.

2. 타인자본비용의 산출

부채의 자본비용, 즉 타인자본비용은 기업이 현재 어느 정도의 영업이익을 올리고 있는가에 따라서 다음과 같은 몇 가지 경우로 구분해서 산출할 수 있다.

영업이익이 충분한 경우

영업이익이 충분한 경우에는 차입금에 대한 지급이자가 세무상 비용처리가 되면서 법인세 납부액을 줄여 주는 감세효과를 얻을 수가 있다. 이때에 기업이 부담하는 타인자본비용은 다음과 같이 차입이자율보다 낮은 수준으로 산출된다.

타인자본비용 = 차입이자율 × (1−법인세율)

영업이익이 없는 경우

영업이익이 없는 경우에는 차입금에 대한 지급이자가 세무상 비용처리가 된다고 해도 법인세 납부액을 줄이는 효과가 없게 된다. 이때에 타인자본비용은 곧 차입이자율과 같은 수준이 된다. 이외에도 세무상 지급이자를 손금불산입하게 되면 역시 차입이자율이 곧 타인자본비용이 된다.

그런데 만약 영업이익이 없을 뿐만 아니라 결손금까지 안고 있는 상황이라면 파산의 가능성까지 고려해야 하므로 타인자본비용은 차입이자율보다 더 높은 수준이 될 것이다.

타인자본비용 = 차입이자율

예제 가나기업과 ABC기업이 모두 갑을은행으로부터 연 10%의 이자율로 차입금을 조달하기로 하였다. 가나기업은 영업이익이 충분한 반면 ABC기업은 그렇지 못하다. 현재 법인세율이 20%라고 하면 각 기업이 부담하는 부채의 자본비용, 즉 타인자본비용은 얼마인가?

풀이

먼저 가나기업은 영업이익이 충분하여 이자비용의 손비처리로 법인세의 절감효과를 얻을 수 있으므로 타인자본비용이 다음과 같다.

$$10\% \times (1 - 20\%) = 8\%$$

그러나 ABC기업은 이자비용을 손비처리해도 절세효과를 얻을 수 없기 때문에 차입이자율 10%가 곧 타인자본비용이 된다.

제3절 자기자본비용

1. 자기자본비용

기업이 경영활동에 필요한 자금을 자기자본으로 조달한다는 것은 유상증자를 한다는 것이다. 즉, 주식을 발행해서 이를 주주들에게 매각함으로써 자금을 조달하는 것이다. 이렇게 자기자본으로 자금을 조달하게 되면 자금을 사용하는 대가로 주주들에게 배당을 지급해야 하므로 이것이 자기자본비용이 된다.

그런데 우리나라에서는 그동안 배당은 상황이 어려우면 지급하지 않아도 되기 때문에 자기자본비용은 타인자본비용보다 싸다고 보고 별로 중요하게 생각하지 않았다. 그러나 주주의 입장에서는 은행금리(타인자본비용)보다 더 높은 수익률을 기대하기 때문에 위험을 감수하고 주식을 사는 것이므로 기업은 자기자본으로 은행금리보다 더 높은 투자수익률을 올려야만 한다. 그래서 일반적으로 자기자본비용은 타인자본비용보다 더 높다고 보는 것이 옳다.

2. 자기자본비용의 산출

자기자본비용은 구체적인 값으로 산출하는 것이 타인자본비용에 비해서 매우 어려운 편이다. 그래서 자기자본비용의 산출방법도 다양한데 다음과 같은 여러 가지 방법이 제시되고 있다.

자본자산가격결정모형을 이용하는 방법

자본자산가격결정모형(CAPM: capital asset pricing model)은 마코위츠(H.Markowitz)의 포트폴리오이론을 샤프(W.F.Sharpe), 린트너(J.Lintner), 모씬(J.Mossin) 등이 주식의 기대수익률을 산출하는 모형으로 발전시킨 것이다. 이 모형을 소개하면 다음과 같다.

$$E(R_i) = R_f + [E(R_m) - R_f] \cdot \beta_i$$

위의 식이 비교적 복잡한 과정으로 도출된 것이지만 관련변수를 이해하면 이 모형을 이용하기가 이해가 쉬울 것이다.

첫째, $E(R_i)$은 개별주식의 기대수익률로서 우리가 구하려는 자기자본비용인데 이를 구하기 위해서 R_f, $E(R_i)$, β_i 등을 알아야 한다.

둘째, R_f는 무위험수익률로서 보통 정기예금이자율 또는 국공채수익률을 사용하면 된다.

셋째, $E(R_m)$은 주가지수의 예상변화율이다. 만약 현재 주가지수가 1,000포인트인데 내년 주가지수가 1,200포인트로 예상된다면 $E(R_m)$은

20%가 된다. 여기서 내년 주가지수의 예상치는 여러 경제연구소에서 발표하는 예측값을 이용할 수 있다.

넷째, 베타(β_i)는 주가지수변화율에 대한 개별주식수익률변화의 민감도를 의미한다. 예를 들어 주가지수가 20%상승하는데 특정주식은 30% 상승한다고 하면 이는 주가지수의 1.5배에 해당하므로 베타는 1.5가 되는 것이다. 베타값은 증권회사에서 배포하는 투자분석자료나 인터넷에서 쉽게 확인할 수 있다.

예제 현대건설(주)의 자기자본비용을 산출하려고 한다. 현재 종합주가지수는 1000포인트이지만 내년에는 1200포인트가 될 것으로 예상된다. 정기예금이자율은 연 8%이고 현대건설(주)의 베타는 1.5이다. 현대건설(주)의 자기자본비용은 얼마인가?

풀이

먼저 주가지수의 예상변화율 $E(R_m)$을 다음과 같이 산출한다.

$$\frac{1{,}200-1{,}000}{1{,}000} = 20\%$$

그리고 관련 자료를 CAPM식에 대입해서 다음과 같이 현대건설(주)의 자기자본비용을 구할 수 있다.

$$\begin{aligned} E(R_i) &= R_f + [E(R_m) - R_f] \cdot \beta_i \\ &= 8 + (20 - 8) \times 1.5 = 26(\%) \end{aligned}$$

상장회사라면 베타값을 증권회사들의 투자분석자료에서 쉽게 구할 수 있지만 만약 상장회사가 아닌 경우라면 베타값을 알기 어렵다. 이때에는 사업내용과 부채비율이 가장 비슷한 상장회사의 베타를 사용하면 될 것이다.

주식수익률을 이용하는 방법

CAPM은 이론적으로 우수한 방법이기는 하지만 일부 비현실적인 가정을 전제로 하기 때문에 현실에서 사용해보면 무리가 있을 수 있다. 그래서 자기자본비용이 이상한 값으로 산출되기도 한다.[20]

이때에는 대체적인 방법으로 다음과 같이 산출된 주식수익률을 자기자본비용으로 이용할 수도 있다.

$$\text{주식수익률} = \frac{\text{주가상승액}+\text{배당액}}{\text{주가}}$$

> **예제** 가나기업의 작년 말 1주당 가격은 20,000원이었고 1주당 1,000원씩 배당금을 지급했다. 올해 1주당 가격이 24,000원이라면 이 회사의 자기자본비용은 얼마인가?

풀이

위의 산식으로 구하면 가나기업의 자기자본비용은 다음과 같이 25%이다.

$$\frac{(24,000-20,000)+1,000}{20,000} = 25(\%)$$

그런데 이와 같이 산출한 값은 과거자료에서 구한 것이기 때문에 미래의 의사결정에 이용하는데에는 다소 부적합하므로 미래의 주가변동과 배당액을 예상하여 산출한 값을 이용하는 것이 바람직하다.

주가수익비율을 이용하는 방법

주가수준을 측정하는 지표로 주가수익비율(PER : price earnings ratio)이 있다. PER는 다음과 같이 현재주가를 1주당 순이익(EPS : earnings

20) 자기자본비용이 음(-)의 값이 나오는 경우, 또는 양(+)의 값이라도 타인자본비용보다 낮은 값이 나오는 경우에는 이를 그대로 사용할 수 없다.

per share)으로 나누어 산출한 값이다.

$$PER = \frac{현재주가}{1주당순이익}$$

이 값은 현재주가가 1주당 순이익의 몇 배 수준인가를 나타내는 지표인데 이 값의 역수를 자기자본비용으로 사용할 수도 있다. 그리고 각 회사들의 PER는 인터넷이나 경제신문의 주식시세표 또는 증권시장지에서 쉽게 구할 수 있다.

예제 ABC기업(주)의 당기순이익은 2억원이고 발행주식수는 2만주이다. 그리고 현재 ABC기업(주)의 1주당 가격은 50,000원이라고 할 때 다음 물음에 답하라.

(1) 주당순이익(EPS)은 얼마인가?
(2) 주가수익비율(PER)을 산출하라.
(3) ABC기업(주)의 자기자본비용은 얼마인가?

풀이

(1) EPS는 10,000원(=2억원÷2만주)이다.
(2) PER는 5배(=50,000원÷10,000원)이다.
(3) 자기자본비용은 PER의 역수이므로 다음과 같이 산출된다.

$$\frac{1}{5} = 20(\%)$$

개략적인 산출방법

위에서 설명한 방법들을 이용한다고 해서 항상 정확한 자기자본비용이 산출되는 것은 아니다. 왜냐하면 각 방법마다 전제로 하고 있는 가정들이 있기 때문에 이를 충족시키지 못하는 상황이라면 엉뚱한 값이 나오기도 한다.

모든 기업에 동일하게 적용할 수 있는 것은 아니지만 보다 현실적으로 간편하게 자기자본비용을 산출하려면 대략 은행정기예금금리에 주식투자에 따른 위험프리미엄을 가산해서 은행정기예금금리보다 좀 더 높은 수준으로 자기자본비용을 반영하기도 한다. 실례로 자본시장법에서는 은행정기예금금리의 1.5배 값을 자기자본비용으로 이용하도록 규정하고 있다.

제4절 자본비용의 이용

1. 투자안의 자본비용

기업이 어떤 투자안을 수행할 때에 필요한 자금을 모두 부채로 조달하든가 또는 모두 자기자본으로 조달하여 한가지 형태의 자본에만 의존한다고 가정하자. 그러면 이때에 이 투자안에 대해서 기업이 부담하게 되는 자본비용은 타인자본비용 또는 자기자본비용 하나가 될 것이다.

그런데 경우에 따라서 일부자금은 부채로 조달하면서 나머지 자금은 유상증자로 조달할 수도 있다. 이렇게 둘 이상의 방법으로 자금을 조달할 때에 기업이 부담하는 자본비용은 이 두 가지 자본비용을 함께 고려해서 산출해야 할 것이다. 구체적으로는 이 두 가지 자금의 규모를 가중치로 해서 가중평균값을 산출해야 기업이 부담하는 정확한 자본비용을 구할 수 있는데 이러한 방법으로 산출한 자본비용을 가중평균자본비용(WACC: weighted average cost of capital)이라고 한다.

그리고 이렇게 산출한 자본비용은 투자안에서 얻게 될 것으로 예상되는 기대수익률과 비교해서 기대수익률이 자본비용보다 더 클 때에 투자안을 수행하는 것이다.[21]

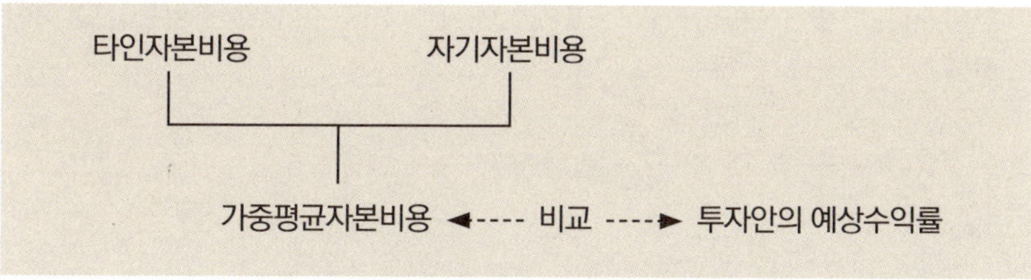

〈그림 21.1〉 투자안의 자본비용산출과 이용

예제 어떤 투자안을 수행하기 위해서 필요자금을 조달하려고 한다. 투자자금은 100억원이 소요된다고 가정하고 다음의 각 경우에 이 투자안의 자본비용은 얼마인가? 단, 은행차입금 이자율은 10%이고 자기자본비용은 15%이다.

① 투자자금을 모두 은행차입금으로 조달하는 경우
② 투자자금을 모두 유상증자로 조달하는 경우
③ 투자자금 중 40억원은 은행에서 차입하고 나머지 60억원은 유상증자로 조달하는 경우

풀이

① 투자자금을 모두 은행차입금으로 조달하는 경우에는 은행차입이자율 10%가

21) 여기서 말하는 '투자안에서 예상되는 기대수익률'이 다음 장 자본예산에서 말하는 '내부수익률'에 해당하는 것이다.

곧 투자안의 자본비용이다. 따라서 이 투자안에서 최소한 10% 이상의 수익률을 올려야 한다.

② 투자자금을 모두 유상증자로 조달하는 경우에는 자기자본비용 15%가 투자안의 자본비용이고 이 경우 투자안에서 최소한 15% 이상의 수익률을 올려야 한다.

③ 투자자금 중 40억원은 은행에서 차입하고 나머지 60억원은 유상증자로 조달하는 경우에는 다음과 같이 자금규모를 가중치로 해서 산출한 평균값이 투자안의 자본비용이 된다. 따라서 투자안에서는 13% 이상의 수익률을 올려야 한다.

$$10 \times \frac{40}{100} + 15 \times \frac{60}{100} = 13(\%)$$

2. 기업의 자본비용

이번에는 기업이 현재 부담하고 있는 자본비용, 즉 기업의 자본비용이 어느 정도의 수준인지를 파악하는 방법을 설명한다. 기업의 자본비용도 투자안의 자본비용을 산출하는 것과 마찬가지로 타인자본비용과 자기자본비용을 가중평균해서 산출한다.

구체적으로는 다음과 같은 절차를 따른다.

첫째, 순차입금을 구한다. 즉, 재무상태표에서 대변에 계상된 차입금의 총계에서 차변의 예금을 차감하여 순차입금을 구한다.

둘째, 순이자지급액을 구한다. 즉, 손익계산서의 지급이자총액에서 수입이자를 차감한 순이자부담액을 산출한다.

셋째, 순이자지급액을 순차입금으로 나누면 타인자본비용이 된다. 그리고 여기에 법인세감세효과를 반영하면 납세 후 타인자본비용이 된다.

그리고 난 후 앞서 설명한 여러 방법 중에서 적절한 방법을 이용하여 자기자본비용을 산출한다. 끝으로 기업의 자본구조를 가중치로 해서 타인자본비용과 자기자본비용의 가중평균값을 구하면 이 값이 기업의 자본비용이 된다.

제22장 투자결정과 자본예산

제1절 자본예산이란?

1. 의의

자본예산(capital budget)이란 투자의 효과가 1년 이상 장기간에 걸쳐서 나타나는 투자결정에 관련된 계획을 수립하는 것을 말한다. 따라서 대단위 규모의 투자자금이 소요되며 소요기간도 장기인 경우가 많다.

구체적으로 예를 들면 새로운 공장을 설립한다는가 공장내의 생산설비를 교체한다든가 또는 대규모 공사를 수주한다는가 하는 것들이 모두 자본예산에 해당하는 것이다.

2. 중요성

이러한 자본예산은 다음과 같은 특징을 갖고 있기 때문에 신중하게 그리고 체계적인 분석이 필요하다.

① 자본예산은 그 효과가 장기간에 걸쳐 기업활동에 영향을 미치므로 미래의 투자환경을 정확하게 예측하여 신중하게 이루어져야 한다.

② 자본예산에 소요되는 투자금액은 대규모라는 특징을 갖는다.

③ 현대 기업환경은 치열한 경쟁사회이므로 자본예산이 잘못 수립되면 기업의 생존까지 위협받을 수 있다.

④ 현대 사회에서는 기술진보가 빠르기 때문에 기업들은 자본예산과 관련된 의사결정을 과거보다 더 자주 하게 된다.

제2절 자본예산의 내용

1. 자본예산의 절차

자본예산을 실제로 수행하는 과정은 상황에 따라서 달라질 수 있겠으나 대체로 다음과 같은 그림으로 나타낼 수 있다.

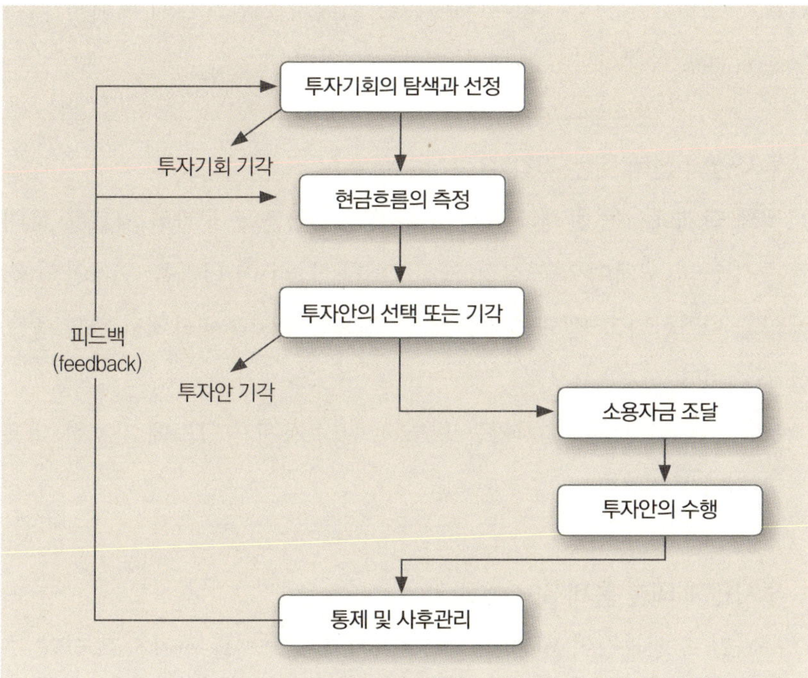

〈그림 22.1〉 자본예산의 절차

투자기회의 탐색과 선정

첫째 단계인 투자기회의 탐색과 선정은 기업의 장기적 경영전략과 밀접한 관계를 갖는다. 즉, 장기적 경영전략을 실현하기 위한 구체적 투자기회를 찾아서 이를 통한 기업의 성장기회를 탐색한다. 성장기회가 없다고 판단되면 기각하고 성장기회가 있다고 판단되면 다음 단계로 넘어간다.

현금흐름의 측정

둘째 단계에서는 첫째 단계에서 성장기회가 있다고 판단된 투자안에 대해서 앞으로 예상되는 현금흐름(cash flow)을 측정한다. 즉, 투자안을 수행할 경우 이로 인해 기대되는 미래의 현금흐름에 대해서 크기(magnitude), 발생시점(timing)을 추정하는 것이다.

투자안의 선택 또는 기각 결정

셋째 단계에서는 둘째 단계에서 추정된 현금흐름에 관한 자료를 토대로 투자안의 채택여부를 결정하는 것이다. 특히 이 단계를 투자안의 경제성을 평가한다고 말하는데 둘째 단계와 함께 자본예산에서 가장 중요한 단계이다.

투자안의 경제성을 평가하는 방법은 여러 가지가 있는데 자세한 내용은 뒤에서 설명한다.

투자안에 대한 통제 및 사후관리

투자안 수행과정이 계획대로 이루어지고 있는지를 관찰하고 만약 투자환경이 변화되면 이를 반영하여 자본예산을 수정하는 등 피드백기능을 수행하는 것이 마지막 단계를 이룬다.

2. 현금흐름의 측정

현금흐름과 손익계산서

현금흐름과 손익계산서상의 순이익은 다른 것이다. 이미 앞서 여러 번 밝혔듯이 손익계산서상의 순이익은 회계원칙에 따라 산출된 성과지표일 뿐이다. 기업이 영업활동을 수행하는데 필요한 것은 회계상 순이익이 아니라 현금이라는 사실을 명심해야 한다.

현금흐름을 측정할 때 주의할 점

어떤 투자안에서 기대되는 현금흐름을 측정할 때에는 다음과 같이 몇 가지 주의해야 할 사항이 있다.

첫째, 감가상각비는 현금유출이 아니라는 점이다. 감가상각비는 실제로 현금이 유출되는 것이 아니고 초기의 투자비용을 회계원칙에 따라서 투자수명기간 동안 비용으로 인식하는 것일 뿐이다. 그리고 이 투자비용은 투자시점에서 전액 현금유출로 반영된다. 따라서 매년의 감가상각비를 현금유출로 보아서는 이중계산이 되는 것이다.

둘째, 현금흐름은 납세 후 기준으로 측정해야 한다는 점이다. 즉, 세금까지 내고 난 후의 금액이 최종적으로 기업에 유입되는 현금이므로 세금을 반드시 고려해야 한다는 것이다.

셋째, 증분기준으로 현금을 측정해야 한다는 것이다. 즉, 현금을 유입시키기 위해서 지출되는 현금유출까지 고려해서 한계개념으로 산출되는 순현금유입(=현금유입-현금유출)을 측정해야 한다는 것이다.

제3절 투자안의 평가방법(1)

1. 화폐의 시간가치를 고려하지 않는 방법

분석대상이 되는 투자안의 현금흐름을 측정하고 나면 이 투자안을 채택할 것인가 또는 기각할 것인가를 결정해야 한다. 이러한 평가방법에는 여러 가지가 있기 때문에 동일한 투자안에 대해서도 평가방법에 따라서 다른 결과를 가져다 줄 수 있다.

이러한 평가방법에는 회수기간법, 평균이익률법, 순현가법, 내부수익률법 등 네 가지 방법이 있다. 이 중 회수기간법과 평균이익률법은 화폐의 시간가치를 고려하지 않는 방법으로서 전통적 기법이라고 하는데 내용이 단순하여 이해하기가 쉽다. 먼저 이들 기법에 대해서 살펴보고 다음 절에서 순현가법과 내부수익률법을 설명하겠다.

2. 회수기간법

① 회수기간

회수기간(payback period)이란 투자안을 수행하기 위해 지출된 투자비용을 회수하는데 걸리는 기간을 말한다.

이러한 회수기간은 투자안의 위험에 대한 대략적인 지표가 된다. 왜냐하면 투자안의 회수기간이 짧다는 것은 현금이 빨리 회수된다는 것이기 때문에 회수기간이 긴 투자안에 비해서 기업의 유동성을 더 높여준다. 그래서 회수기간이 짧을수록 투자안의 위험은 작다고 판단하는 것이다.

예제 취득가액이 800만원인 설비를 구입하려고 한다. 이 설비를 구입하면 매년 순현금유입이 다음과 같이 예상된다고 할 때 이 투자안의 회수기간을 구하라.

t=1	2	3	4	5 (년)
400	300	200	150	150 (만원)

풀이

투자안의 현금흐름이 연중 균등하게 발생한다고 가정하면 다음이 성립한다.

$$800=400+300+100$$

따라서 회수기간은 다음과 같다.

$$2+\frac{100}{200}=2.5(\text{년})$$

② 투자결정기준

분석대상이 되는 투자안에서 산출된 회수기간이 기업내부에서 미리 기준으로 정해놓은 회수기간보다 짧으면 투자가치가 있다고 판단한다. 반대로 기준이 되는 회수기간보다 길면 투자가치가 없는 것이다.

그런데 만약 여러 투자안을 놓고 한정된 투자자금으로 제한된 개수의 투자안을 선택해야 한다면 회수기간이 가장 짧은 투자안부터 선택하면 될 것이다.

③ 특징

회수기간법은 다음과 같은 장점을 갖는다. 첫째, 내용이 단순하여 이해가 쉽다는 것이다. 둘째, 회수기간이 짧은 투자안은 앞서 설명한대로 기업의 유동성을 높여주기 때문에 위험이 적다.

그러나 회수기간법은 다음과 같은 점에서 중요한 결점을 갖는다. 첫째, 기업 내부에서 기준으로 정한 회수기간이란 임의적인 것이지 어떤 경제적인 정당성이 없다는 것이다. 둘째, 회수기간 이후의 현금흐름양상을 반영하지 못하는 문제점이 있다. 셋째, 화폐의 시간적 가치를 고려하지 못한다는 것이다.

이러한 문제점을 갖고 있음에도 불구하고 회수기간법은 실무에서 많이 이용되고 있는데 이러한 현상을 최근에는 대리이론(agency theory)으로 설명한다. 즉, 대리인인 경영자는 위임자인 주주보다 투자안에 대해 더 많은 정보를 갖고 있지만 자신의 행동이 위임자에 의해 관찰되어지지 않기 때문에 경제성이 높은 투자안보다는 자신이 재임하는 동안에 투자성과가 빨리 나타날 수 있는, 즉 회수기간이 짧은 투자안을 선호하는 것이다. 그래야 자신의 명성을 높이고 더 나은 조건으로 연임할 수 있기 때문이다.

3. 평균이익률법

① 평균이익률

평균이익률(ARR: average rate of return)이란 다음과 같이 산출한다.

$$\text{평균이익률} = \frac{\text{연평균순이익}}{\text{연평균투자액}}$$

위 식에서 분자에 해당하는 연평균순이익은 투자안의 내용년수 동안 매기간 투자안에 대한 추정손익계산서를 작성하고 순이익을 모두 합산한 총계를 내용년수로 나누어 산출한다. 이렇게 회계자료를 이용하기 때문에 평균이익률을 회계적 이익률(ARR: accounting rate of return)이라고도 하며 이 방법을 회계적 이익률법이라고도 한다.

그리고 분모에 해당하는 연평균투자액은 내용년수가 끝난 후 잔존가치가 없다고 가정하면 초기투자비용, 즉 설비취득원가의 1/2이 된다. 이 내용을 간단한 예로 설명하면 다음과 같다. 즉, 내용년수가 3년인 기계를 3,000만원에 구입하였고 정액법에 따른 감가상각을 하며 잔존가치는 없다고 하자. 그러면 매년 감가상각비는 1,000만원이어서 1년 후에는 장부상 투자액은 2,000만원이 되므로 1차년도의 평균투자액은 2,500만원이 된다. 같은 방법으로 2년 후의 장부상 투자액은 1,000만원이어서 2차년도 평균투자액은 1,500만원, 3차년도 평균투자액은 500만원이 된다. 따라서 3년간의 연평균투자액은 다음과 같이 총투자액 3,000만원의 1/2이 된다.

$$\frac{2{,}500+1{,}500+500}{3} = 1{,}500(\text{만원})$$

예제 취득가액이 1,200만원인 설비를 구입하려고 한다. 이 설비를 구입하면 매년 순이익이 다음과 같이 예상된다. 설비의 내용년수는 5년, 잔존가치는 없다고 할 때 이 투자안의 평균이익률을 구하라.

t=1	2	3	4	5 (년)
90	120	100	80	60 (만원)

풀이

연평균순이익은 다음과 같다.

$$\frac{90+120+100+80+60}{5} = 90(\text{만원})$$

그리고 내용년수가 끝난 후 잔존가치가 없으므로 연평균투자액은 600만원(=1,200/2)이 되고 평균이익률은 다음과 같다.

$$\frac{90}{600} = 15(\%)$$

② 투자결정기준

평균이익률법을 이용해서 투자결정을 할 때에는 분석대상인 투자안의 평균이익률이 기업에서 미리 정해 놓은 기준이익률보다 높으면 투자가치가 있다고 본다. 반대로 기준이익률보다 낮으면 투자가치가 없는 것이다. 만약 한정된 자금으로 제한된 개수의 투자안을 선택해야 한다면 평균이익률이 가장 높은 투자안부터 선택하면 될 것이다.

③ 특징

평균이익률법은 그 내용이 단순하여 이해하기가 쉽다. 뿐만 아니라 회계상의 자료를 그대로 이용할 수도 있기 때문에 자료수집절차가 간편하다. 그러나 평균이익률법도 화폐의 시간적 가치를 반영하지 못하기 때문에 투자안의 수익성을 개략적으로 파악하는데 이용될 뿐, 최종적인 판단기법이 되지는 못한다.

제4절 투자안의 평가방법(2)

1. 화폐의 시간가치를 고려하는 방법

회수기간법과 평균이익률법의 가장 큰 문제점은 화폐의 시간가치를 고려하고 있지 않다는 것이다. 화폐의 시간가치를 고려해야만 정확한 평가결과를 얻을 수 있는데 이에 해당하는 평가방법으로서 순현가법과 내부수익률법 등을 살펴본다.

그래서 회수기간법과 평균이익률법을 전통적 분석기법이라고 하는데 비해서 순현가법과 내부수익률법은 현금흐름할인법(DCF법: discouted cash flow method)이라고 한다.

2. 순현가법

① 순현재가치

순현재가치(NPV: net present value)란 투자안의 수행으로 예상되는 미래 현금유입을 적절한 할인률로 할인하여 산출한 현재가치에서 투자비용을 차감한 값을 말한다. 그래서 다음과 같은 식으로 산출한다.

$$NPV = \sum_{t=1}^{n} \frac{C_t}{(1+R)^t} - C_0$$

단, C_t : t시점 현금흐름
C_0 : 투자비용
R : 할인율

특히 위의 식에서 $\sum_{t=1}^{n} \frac{C_t}{(1+R)^t}$에 해당하는 부분은 투자안에서 유입될 것으로 예상되는 미래현금흐름의 현재가치를 의미하는데 이를 투자안의 현재가치라고 한다. 여기서 투자안의 현재가치를 산출할 때 적용하는 할인율은 투자비용을 조달할 때에 기업이 부담하는 자본비용을 말한다.

다소 복잡해 보이는 위의 NPV산출식도 그 의미를 고려해서 다음과 같이 쉽게 표현할 수 있다.

$$NPV = \text{투자안의 현재가치} - \text{투자비용}$$

예제 취득가액이 450만원인 설비를 구입하려고 한다. 이 설비를 구입하면 앞으로 3년 동안 매년 200만원씩의 순현금유입이 예상된다. 이러한 현금흐름의 현재가치를 산출하는데 적용할 할인율은 연 10%라고 하자.

(1) 이 투자안의 현재가치를 산출하라.
(2) 이 투자안의 순현가를 산출하여 투자여부를 판단하라.

풀이

(1) 이 투자안에 대한 현금흐름을 다음과 같이 시간선 상에 나타내보자.

이 투자안의 현재가치는 곧 앞으로 3년 동안 유입될 현금흐름의 현재가치이므로 다음과 같이 산출할 수 있다.

$$\frac{200}{(1+0.1)} + \frac{200}{(1+0.1)^2} + \frac{200}{(1+0.1)^3} = 497.4(\text{만원})$$

(2) 그런데 이러한 현금흐름을 가지려면 450만원을 주고 설비를 구입해야 하므로 투자안의 순현재가치는 다음과 같다.

$$\text{NPV} = 497.4 - 450 = 47.4(\text{만원})$$

② 투자결정기준

순현가법에 따르면 투자안의 NPV가 0보다 크면 투자안의 경제성이 있다고 본다. 그러면 여기서 투자안의 NPV가 0보다 크다는 것이 무슨 의미인가를 살펴보자. 투자안의 NPV가 0보다 크다는 것은 투자안의 현재가치가 투자비용보다 크다는 뜻이다. 예를 들어서 투자안의 현재가치가 500만원이고 투자비용이 450만원이라면 투자안의 NPV는 50만원이 된다. 이것은 500만원의 가치를 갖는 물건을 450만원에 싸게 사서 그 결과 50만원의 이익을 본다는 의미이다.

순현가법을 따라서 투자안의 채택여부를 결정할 때에는 NPV가 0보다 큰 투자안을 선택해야 한다. 그리고 NPV가 0보다 큰 투자안이 여러 개 있을 때에는 NPV값이 가장 큰 것부터 선택하면 될 것이다.

③ 할인율과 순현가의 관계

이제 투자안의 NPV를 산출하는 과정을 이용해서 동일한 투자안의 현금흐름에 대해서 각각 다른 수준의 할인율을 적용하면서 NPV값이 어떻게 변화하는지를 살펴보자. 투자안의 현재가치를 산출하는 식을 보면 알겠지만 할인율이 커지면 투자안의 현재가치는 작아지고 할인율이 작아지면 투자안의 현재가치는 커지게 된다. 즉, 할인율과 투자안의 현재가치가 역관계에 있는데 이에 따라서 할인율과 투자안의 NPV도 역관계에 있게 된다.

예제 현재시점에서 450만원의 투자비용이 소요되는 투자안이 앞으로 3년 동안 매년 200만원씩의 현금유입을 가져다 준다고 한다. 이 때에 현재가치를 산출하면서 적용할 할인율을 0%, 5%, 10%, 15%, 20%, 25%로 하여 각각의 NPV를 산출해 보라.

풀이

① 할인율 0%에서 NPV

$$\frac{200}{(1+0)} + \frac{200}{(1+0)^2} + \frac{200}{(1+0)^3} - 450 = 150(\text{만원})$$

② 할인율 5%에서 NPV

$$\frac{200}{(1+0.05)} + \frac{200}{(1+0.05)^2} + \frac{200}{(1+0.05)^3} - 450 = 95(\text{만원})$$

위와 같은 방법으로 각 할인율 수준에서 이 투자안의 현재가치를 구한 후 투자비용을 차감해서 NPV를 구하면 다음의 〈표 22.1〉과 같이 정리된다.

할인율(R)	NPV
0 %	150
5	95
10	47
15	7
20	-29
25	-60

〈표 22.1〉 할인율과 NPV

④ 현가곡선

그리고 〈표 22.1〉을 할인율과 NPV의 평면에 나타내면 〈그림 22.1〉과 같이 그릴 수 있는데 이를 현가곡선 또는 현가프로필(present value profile)이라고 한다. 이 그림을 통해서 투자안에 관련된 다음과 같은 정보를 파악할 수 있다.

첫째, 이미 설명한 바와 같이 할인율이 커질수록 투자안의 NPV는 작아지고 할인율이 작아질수록 투자안의 NPV는 커진다. 즉, 할인율과 투자안은 역관계에 있다.

둘째, 할인율의 각 수준에 해당하는 NPV값을 알 수 있다.

셋째, 투자안의 NPV = 0이 되는 할인율 수준을 확인할 수 있다. 이는 곧 설명하게 될 내부수익률을 의미하는 것이다.

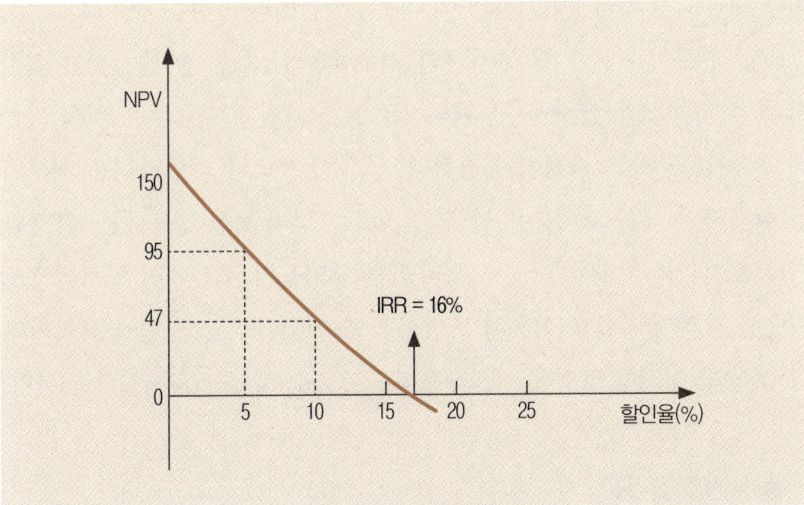

<그림 22.1> 현가곡선

3. 내부수익률법

① 내부수익률

내부수익률(IRR: internal rate of return)이란 투자안을 수행한 결과로 나타나는 미래 현금유입의 현재가치, 즉 투자안의 현재가치가 투자비용과 같게 되는 할인율이다. 결과적으로 투자안의 NPV가 0이 되는 할인율이 바로 내부수익률이다. 그래서 다음 식이 성립하게 된다.

$$\sum_{t=1}^{n} \frac{C_t}{(1+IRR)^t} - C_0 = 0, \quad 즉 \sum_{t=1}^{n} \frac{C_t}{(1+IRR)^t} = C_0$$

이때에 할인율로 사용한 IRR은 어떤 투자안을 수행하기 위해서 지출한 투자비용과 앞으로 벌어들이는 투자수익의 관계에서 적용되는 평균이익률이다. 그래서 투자안마다 각각 다른 값을 갖게 되며 그 투자안에서만 해당되는 이익률이기 때문에 내부수익률이라고 하는 것이다.

그런데 투자수명이 긴 투자안의 경우에는 IRR을 구하는 것이 쉽지 않다. 이러한 경우 IRR을 구하는 것은 곧 고차방정식을 푸는 것이 되는데 그 해를 구하는 과정이 복잡하다. 물론 컴퓨터나 재무관리용 계산기를 이용하면 그 수고로움을 덜 수 있지만 그렇지 못한 경우에는 NPV값의 부호가 양(+)에서 음(-)으로 바뀌는 할인율의 구간에서 반복적으로 비슷한 값의 할인율을 적용해 보면서 NPV가 0이 되는 할인율을 찾아야 할 것이다. 이러한 방법을 시행착오법(trial and error method)이라고 한다.

② 투자결정기준

내부수익률법을 이용한 투자의사결정은 내부수익률과 할인율과의 비교를 통해서 이루어진다. 왜냐 하면 내부수익률은 특정 투자안을 수행해서 벌어들이는 이익률을 의미하는 것이고 할인율은 자본비용으로서 그 투자에 소요되는 자금의 기회비용이기 때문이다. 그러므로 어떤 투자안의 내부수익률이 자본비용보다 크다면 투자가치가 있다고 보는 것이다. 따라서 자금여유가 있다면 내부수익률이 자본비용과 같을 때까지 투자하면 될 것이다.

그리고 내부수익률이 자본비용보다 크다면 이때에는 NPV도 0보다 크게 되어 순현가법과도 결과가 일치한다.

예제 취득가액이 450만원인 설비를 구입하려고 한다. 이 설비를 구입하면 앞으로 3년 동안 매년 200만원씩의 순현금유입이 예상된다고 하자.

(1) 이 투자안의 내부수익률을 산출하라.

(2) 투자자금 450만원을 자본비용 14%로 조달해야 하는 경우 이 투자안을 채택할 것인가?

풀이

(1) 이 투자안의 경우 내부수익률을 산출하려면 다음과 같이 NPV가 0이 되는 식을 세울 수 있다.

$$\frac{200}{(1+IRR)} + \frac{200}{(1+IRR)^2} + \frac{200}{(1+IRR)^3} = 450$$

여기에서 IRR ≒ 16%를 구할 수 있다. 이 값은 〈그림 22.1〉의 현가곡선에서 확인해도 NPV 가 0이 되는 할인율 16%로 나타난다.

(2) 부담하게 되는 자본비용은 14%이지만 이 투자안에서 얻게 되는 수익률은 이보다 더 높은 16%이므로 투자안을 채택한다. 그리고 자본비용 14%수준에서 순현가를 구하면 0보다 큰 것을 확인할 수 있을 것이다.

4. 가장 우월한 평가방법은?

화폐의 시간가치를 고려해야

투자안을 평가하는 네 가지 방법 중에서 회수기간법, 평균이익률법은 화폐의 시간가치를 고려하지 않는 방법이라고 하였다. 따라서 이들 평가방법은 투자안에 대해서 개략적인 수익성을 산출할 때에 이용될 뿐, 최종적인 판단지침을 제공하지는 못한다.

회수기간법이나 평균이익률법보다 화폐의 시간가치를 반영하는 순현가법, 내부수익률법이 더 우수한 방법이다. 따라서 최종적인 결론은 이들의 평가결과를 따라야 한다.

순현가법이 가장 좋은 평가방법

순현가법과 내부수익률법이 모두 화폐의 시간적 가치를 반영하는 방법이지만 그 중에서도 순현가법이 더 우수한 방법이다. 그 이유는 다음과 같다.

① 재투자수익률에 대한 가정이 합리적이다.

NPV법은 투자안으로부터 유입되는 현금이 시장이자율(할인율)과 동일한 수익률로 재투자된다고 가정하고 IRR법은 내부수익률로 재투자된다고 가정한다. 그런데 투자안을 수행하는 시점에서 산출된 내부수익률은 경쟁기업의 출현 등과 같은 환경변화로 향후 계속 유지된다고 볼 수 없다. 따라서 시장에서 공통적으로 평가하는 자본비용수준의 수익률로 재투자된다고 보는 NPV법이 합리적이며 현실적이다.

② 가치의 가산원리가 성립한다.

NPV법에서는 투자조합을 형성하여 여러 투자안에 함께 투자하는 경우 각 투자안의 NPV를 구하여 합하면 투자조합의 NPV를 바로 구할 수 있다. 즉 NPV(A+B) = NPV(A) + NPV(B) 가 성립하는데 이를 가치의 가산원리(VAP: Value Additivity Principle)라고 한다. 그러나 IRR법에서는 각 투자안의 IRR과 투자조합의 IRR간에는 아무런 관계가 없기 때문에 투자조합의 IRR은 조합을 구성할 때마다 매번 다시 구해야 하는 번거로움이 따른다.

③ IRR은 복수로 존재하거나 존재하지 않는 경우가 있다.

투자안으로부터 예상되는 현금흐름의 양상에 따라서 어떤 때에는 IRR이 존재하지 않을 수도 있고 어떤 때에는 내부수익률이 여러 개 존재하기도 한다. 즉, 투자안에서 비롯되는 현금흐름의 방향이 한번만 바뀔 때에는 IRR이 한 개 존재하지만 여러 번 바뀔 때에는 IRR이 복수로 존재하거나 존재하지 않는 경우가 있는데 이는 경제적 의미가 없는 것이다.

위와 같은 근거로 인해서 IRR법보다 NPV법이 더 우수한 평가방법으로 받아들여지기 때문에 만약 두 가지 방법에 의한 평가결과가 서로 다르게 나타난다면 NPV법의 결과를 따르면 될 것이다.

5. 수익성지수법

① 수익성지수

NPV법이 우수한 평가방법이기 때문에 NPV법과 유사한 방법으로 산출한 수익성지수(PI: Profitability Index)라는 평가지표도 많이 사용된다. 수익성지수는 다음과 같은 식으로 산출한다.

$$PI = \frac{\sum_{t=1}^{n} \frac{C_t}{(1+R)^t}}{C_0}$$

위의 식을 얼핏 보면 복잡해보이지만 실제 내용은 단순하다. 즉, 분자의 값은 투자안의 현재가치이고 분모는 투자비용이다. 간단하게 말하면 수익성지수는 투자안의 현재가치를 투자비용으로 나눈 값이다.

② 투자결정기준

NPV가 0보다 크면 투자안의 경제성이 있다고 하였다. 그런데 NPV가 0보다 크다는 것은 투자안의 현재가치가 투자비용보다 크다는 의미이다. 투자안의 현재가치가 투자비용보다 크다면 수익성지수 산출식에서 분자가 분모보다 큰 것이므로 수익성지수는 1보다 크게 된다. 이와는 반대로 NPV가 0보다 작으면 수익성지수는 1보다 작게 된다. 따라서 수익성지수는 1을 기준으로 투자여부를 결정하게 된다.

> **예제** 취득가액이 450만원인 설비를 구입하려고 한다. 이 설비를 구입하면 앞으로 3년 동안 매년 200만원씩의 순현금유입이 예상된다. 이러한 현금흐름의 현재가치를 산출하는데 적용할 할인율은 연 10%라고 하자. 수익성지수를 산출해서 투자여부를 판단하라.

풀이

투자안의 순현재가치는 다음과 같다.

$$\frac{200}{(1+0.1)} + \frac{200}{(1+0.1)^2} + \frac{200}{(1+0.1)^3} = 497.4(\text{만원})$$

그리고 투자비용은 450만원이므로 수익성지수는 다음과 같이 1보다 큰 값이 나오므로 투자안을 수행한다.

$$\frac{497.4}{450} = 1.1053$$

③ 비용편익분석

국가에서 시행하는 연구개발사업이나 공공사업의 경우에 그 경제성을 평가하기 위한 방법으로 비용편익분석(cost benefit analysis)이 많이 이용된다. 이러한 비용편익분석의 최종적인 결과로 비용편익비율(B/C ratio)을 산출하는데 이는 여기서 소개한 수익성지수와 같은 것이다. 비용편익분석에서의 비용(cost)은 자본예산에 말하는 투자비용이고 편익(benefit)은 자본예산에서 말하는 투자안의 현재가치라고 보면 된다.

민간투자의 경우에는 수익성지수가 1보다 작으면 사업을 시행하지 않는다. 그렇지만 공공사업의 경우에는 수익만을 목표로 하는 것이 아니기 때문에 비용편익비율이 1보다 작더라도 정책적 차원에서 시행하는 경우가 있다.

부록

복리표와 현가표

〈표 1〉 복리계수(*CVIF*)

$CVIF = (1+R)^n$

	이 자 율								
기간	1%	2%	3%	4%	5%	6%	7%	8%	9%
1	1.0100	1.0200	1.0300	1.0400	1.0500	1.0600	1.0700	1.0800	1.0900
2	1.0201	1.0404	1.0609	1.0816	1.1025	1.1236	1.1449	1.1664	1.1881
3	1.0303	1.0612	1.0927	1.1249	1.1576	1.1910	1.2250	1.2597	1.2950
4	1.0406	1.0824	1.1255	1.1699	1.2155	1.2625	1.3108	1.3605	1.4116
5	1.0510	1.1041	1.1593	1.2167	1.2763	1.3382	1.4026	1.4693	1.5386
6	1.0615	1.1262	1.1941	1.2653	1.3401	1.4185	1.5007	1.5869	1.6771
7	1.0721	1.1487	1.2299	1.3159	1.4071	1.5036	1.6058	1.7138	1.8280
8	1.0829	1.1717	1.2668	1.3686	1.4775	1.5938	1.7182	1.8509	1.9926
9	1.0937	1.1951	1.3048	1.4233	1.5513	1.6895	1.8385	1.9990	2.1719
10	1.1046	1.2190	1.3439	1.4802	1.6289	1.7908	1.9672	2.1589	2.3674
11	1.1157	1.2434	1.3842	1.5395	1.7103	1.8983	2.1049	2.3316	2.5804
12	1.1268	1.2682	1.4258	1.6010	1.7959	2.0122	2.2522	2.5182	2.8127
13	1.1381	1.2936	1.4685	1.6651	1.8856	2.1329	2.4098	2.7196	3.0658
14	1.1495	1.3195	1.5126	1.7317	1.9799	2.2609	2.5785	2.9372	3.3417
15	1.1610	1.3459	1.5580	1.8009	2.0789	2.3966	2.7590	3.1722	3.6425
16	1.1726	1.3728	1.6047	1.8730	2.1829	2.5404	2.9522	3.4259	3.9703
17	1.1843	1.4002	1.6528	1.9479	2.2920	2.6928	3.1588	3.7000	4.3276
18	1.1961	1.4282	1.7024	2.0258	2.4066	2.8543	3.3799	3.9960	4.7171
19	1.2081	1.4568	1.7535	2.1068	2.5270	3.0256	3.6165	4.3157	5.1417
20	1.2202	1.4859	1.8061	2.1911	2.6533	3.2071	3.8697	4.6610	5.6044
21	1.2324	1.5157	1.8603	2.2788	2.7860	3.3996	4.1406	5.0338	6.1088
22	1.2447	1.5460	1.9161	2.3699	2.9253	3.6035	4.4304	5.4365	6.6586
23	1.2572	1.5769	1.9736	2.4647	3.0715	3.8197	4.7405	5.8715	7.2579
24	1.2697	1.6084	2.0328	2.5633	3.2251	4.0489	5.0724	6.3412	7.9111
25	1.2824	1.6406	2.0938	2.6658	3.3864	4.2919	5.4274	6.8485	8.6231
30	1.3478	1.8114	2.4273	3.2434	4.3219	5.7435	7.6123	10.063	13.268
40	1.4889	2.2080	3.2620	4.8010	7.0400	10.286	14.974	21.725	31.409
50	1.6446	2.6916	4.3839	7.1067	11.467	18.420	29.457	46.902	74.358
60	1.8167	3.2810	5.8916	10.520	18.679	32.988	57.946	101.26	176.03

〈표 1〉 계속

이 자 율										
10%	12%	14%	15%	16%	18%	20%	24%	28%	32%	36%
1.1000	1.1200	1.1400	1.1500	1.1600	1.1800	1.2000	1.2400	1.2800	1.3200	1.3600
1.2100	1.2544	1.2996	1.3225	1.3456	1.3924	1.4400	1.5376	1.6384	1.7424	1.8496
1.3310	1.4049	1.4815	1.5209	1.5609	1.6430	1.7280	1.9066	2.0972	2.3000	2.5155
1.4641	1.5735	1.6890	1.7490	1.8106	1.9388	2.0736	2.3642	2.6844	3.0360	3.4210
1.6105	1.7623	1.9254	2.0114	2.1003	2.2878	2.4883	2.9316	3.4360	4.0075	4.6526
1.7716	1.9738	2.1950	2.3131	2.4364	2.6996	2.9860	3.6352	4.3980	5.2899	6.3275
1.9487	2.2107	2.5023	2.6600	2.8262	3.1855	3.5832	4.5077	5.6295	6.9826	8.6054
2.1436	2.4760	2.8526	3.0590	3.2784	3.7589	4.2998	5.5895	7.2058	9.2170	11.703
2.3579	2.7731	3.2519	3.5179	3.8030	4.4355	5.1598	6.9310	9.2234	12.166	15.917
2.5937	3.1058	3.7072	4.0456	4.4114	5.2338	6.1917	8.5944	11.806	16.060	21.647
2.8531	3.4785	4.2262	4.6524	5.1173	6.1759	7.4301	10.657	15.112	21.199	29.439
3.1384	3.8960	4.8179	5.3503	5.9360	7.2876	8.9161	13.215	19.343	27.983	40.037
3.4523	4.3635	5.4924	6.1528	6.8858	8.5994	10.699	16.386	24.759	36.937	54.451
3.7975	4.8871	6.2613	7.0757	7.9875	10.147	12.839	20.319	31.691	48.757	74.053
4.1772	5.4736	7.1379	8.1371	9.2655	11.974	15.407	25.196	40.565	64.359	100.71
4.5950	6.1304	8.1372	9.3576	10.748	14.129	18.488	31.243	51.923	84.954	136.97
5.0545	6.8660	9.2765	10.761	12.468	16.672	22.186	38.741	66.461	112.14	186.28
5.5599	7.6900	10.575	12.375	14.463	19.673	26.623	48.039	86.071	148.02	253.34
6.1159	8.6128	12.056	14.232	16.777	23.214	31.948	59.568	108.89	195.39	344.54
6.7275	9.6463	13.743	16.367	19.461	27.393	38.338	73.864	139.38	257.92	468.57
7.4002	10.804	15.668	18.822	22.574	32.324	46.005	91.592	178.41	340.45	637.26
8.1403	12.100	17.861	21.645	26.186	38.142	55.206	113.57	228.36	449.39	866.67
8.9543	13.552	20.362	24.891	30.376	45.008	66.247	140.83	292.30	593.20	1178.7
9.8497	15.179	23.212	28.625	35.236	53.109	79.497	174.63	374.14	783.02	1603.0
10.835	17.000	26.462	32.919	40.874	62.669	95.396	216.54	478.90	1033.6	2180.1
17.449	29.960	50.950	66.212	85.850	143.37	237.38	634.82	1645.5	4142.1	10143.
45.259	93.051	188.88	267.86	378.72	750.38	1469.8	5455.9	19427.	66521.	*
117.39	289.00	700.23	1083.7	1670.7	3927.4	9100.4	46890.	*	*	*
304.48	897.60	2595.9	4384.0	7370.2	20555.	56348.	*	*	*	*

〈표 2〉 연금의 복리계수 *(CVIFA)*

$$CVIFA = \frac{(1+R)-1}{R}$$

	이 자 율								
기간	1%	2%	3%	4%	5%	6%	7%	8%	9%
1	1.0000	1.0000	1.0000	1.0000	1.0000	1.0000	1.0000	1.0000	1.0000
2	2.0100	2.0200	2.0300	2.0400	2.0500	2.0600	2.0700	2.0800	2.0900
3	3.0301	3.0604	3.0909	3.1216	3.1525	3.1836	3.2149	3.2464	3.2781
4	4.0604	4.1216	4.1836	4.2465	4.3101	4.3746	4.4399	4.5061	4.5731
5	5.1010	5.2040	5.3091	5.4163	5.5256	5.6371	5.7507	5.8666	5.9847
6	6.1520	6.3081	6.4684	6.6330	6.8019	6.9753	7.1533	7.3359	7.5233
7	7.2135	7.4343	7.6625	7.8983	8.1420	8.3938	8.6540	8.9228	9.2004
8	8.2857	8.5830	8.8932	9.2142	9.5491	9.8975	10.260	10.637	11.028
9	9.3685	9.7546	10.159	10.583	11.027	11.491	11.978	12.488	13.021
10	10.462	10.950	11.464	12.006	12.578	13.181	13.816	14.487	15.193
11	11.567	12.169	12.808	13.486	14.207	14.972	15.784	16.645	17.560
12	12.683	13.412	14.192	15.026	15.917	16.870	17.888	18.977	20.141
13	13.809	14.680	15.618	16.627	17.713	18.882	20.141	21.495	22.953
14	14.947	15.974	17.086	18.292	19.599	21.015	22.550	24.215	26.019
15	16.097	17.293	18.599	20.024	21.579	23.276	25.129	27.152	29.361
16	17.258	18.639	20.157	21.825	23.657	25.673	27.888	30.324	33.003
17	18.430	20.012	21.762	23.698	25.840	28.213	30.840	33.750	36.974
18	19.615	21.412	23.414	25.645	28.132	30.906	33.999	37.450	41.301
19	20.811	22.841	25.117	27.671	30.539	33.760	37.379	41.446	46.018
20	22.019	24.297	26.870	29.778	33.066	36.786	40.995	45.762	51.160
21	23.239	25.783	28.676	31.969	35.719	39.993	44.865	50.423	56.765
22	24.472	27.299	30.537	34.248	38.505	43.392	49.006	55.457	62.873
23	25.716	28.845	32.453	36.618	41.430	46.996	53.436	60.893	69.532
24	26.973	30.422	34.426	39.083	44.502	50.816	58.177	66.765	76.790
25	28.243	32.030	36.459	41.646	47.727	54.865	63.249	73.106	84.701
30	34.785	40.568	47.575	56.085	66.439	79.058	94.461	113.28	136.31
40	48.886	60.402	75.401	95.026	120.80	154.76	199.64	259.06	337.88
50	64.463	84.579	112.80	152.67	209.35	290.34	406.53	573.77	815.08
60	81.670	114.05	163.05	237.99	353.58	533.13	813.52	1253.2	1944.8

〈표 2〉 계속

이 자 율										
10%	12%	14%	15%	16%	18%	20%	24%	28%	32%	36%
1.0000	1.0000	1.0000	1.0000	1.0000	1.0000	1.0000	1.0000	1.0000	1.0000	1.0000
2.1000	2.1200	2.1400	2.1500	2.1600	2.1800	2.2000	2.2400	2.2800	2.3200	2.3600
3.3100	3.3744	3.4396	3.4725	3.5056	3.5724	3.6400	3.7776	3.9184	4.0624	4.2096
4.6410	4.7793	4.9211	4.9934	5.0665	5.2154	5.3680	5.6842	6.0156	6.3624	6.7251
6.1051	6.3528	6.6101	6.7424	6.8771	7.1542	7.4416	8.0484	8.6999	9.3983	10.146
7.7156	8.1152	8.5355	8.7537	8.9775	9.4420	9.9299	10.980	12.136	13.406	14.799
9.4872	10.089	10.730	11.067	11.414	12.142	12.916	14.615	16.534	18.696	21.126
11.436	12.300	13.233	13.727	14.240	15.327	16.499	19.123	22.163	25.678	29.732
13.579	14.776	16.085	16.786	17.519	19.086	20.799	24.712	29.369	34.895	41.435
15.937	17.549	19.337	20.304	21.321	23.521	25.959	31.643	38.593	47.062	57.352
18.531	20.655	23.045	24.349	25.733	28.755	32.150	40.238	50.398	63.122	789.98
21.384	24.133	27.271	29.002	30.850	34.931	39.581	50.895	65.510	84.320	108.44
24.523	28.029	32.089	34.352	36.786	42.219	48.497	64.110	84.853	112.30	148.47
27.975	32.393	37.581	40.505	43.672	50.818	59.196	80.496	109.61	149.24	202.93
31.772	37.280	43.842	47.580	51.660	60.965	72.035	100.82	141.30	198.00	276.98
35.950	42.753	50.980	55.717	60.925	72.939	87.442	126.01	181.87	262.36	377.69
40.545	48.884	59.118	65.075	71.673	87.068	105.93	157.25	233.79	347.31	514.66
45.599	55.750	68.394	75.836	84.141	103.74	128.12	195.99	300.25	459.45	700.94
51.159	64.440	78.969	88.212	98.603	123.41	154.74	244.03	385.32	607.47	954.28
57.275	72.052	91.025	102.44	115.38	146.63	186.69	303.60	494.21	802.86	1298.8
64.002	81.699	104.77	118.81	134.84	174.02	225.03	377.46	633.59	1060.8	1767.4
71.403	92.503	120.44	137.63	157.41	206.34	271.03	469.06	812.00	1401.2	2404.7
79.543	104.60	138.30	159.28	183.60	244.49	326.24	582.63	1040.4	1850.6	3271.3
88.497	118.16	158.66	184.17	213.98	289.49	392.48	723.46	1332.7	2443.8	4450.0
98.347	133.33	181.87	212.79	249.21	342.60	471.98	898.09	1706.8	3226.8	6053.0
164.49	241.33	359.79	434.75	530.31	790.95	1181.9	2640.9	5873.2	12941.	28172.3
442.59	767.09	1342.0	1779.1	2360.8	4163.2	7343.9	22729.	69377.	*	*
1163.9	2400.0	4994.5	7217.7	10436.	21813.	45497.	*	*	*	*
3034.8	7471.6	18535.	29220.	46058.	*	*	*	*	*	*

〈표 3〉 현가계수(*PVIF*)

$$PVIF = \frac{1}{(1+R)^n}$$

	이 자 율								
기간	1%	2%	3%	4%	5%	6%	7%	8%	9%
1	0.9901	0.9804	0.9709	0.9615	0.9524	0.9434	0.9346	0.9259	0.9174
2	0.9803	0.9612	0.9426	0.9246	0.9070	0.8900	0.8734	0.8573	0.8417
3	0.9706	0.9423	0.9151	0.8890	0.8638	0.8396	0.8163	0.7938	0.7722
4	0.9610	0.9238	0.8885	0.8548	0.8227	0.7921	0.7629	0.7350	0.7084
5	0.9515	0.9057	0.8626	0.8219	0.7835	0.7473	0.7130	0.6806	0.6499
6	0.9420	0.8880	0.8375	0.7903	0.7462	0.7050	0.6663	0.6302	0.5963
7	0.9327	0.8706	0.8131	0.7599	0.7107	0.6651	0.6227	0.5835	0.5470
8	0.9235	0.8535	0.7894	0.7307	0.6768	0.6274	0.5820	0.5403	0.5019
9	0.9143	0.8368	0.7664	0.7026	0.6446	0.5919	0.5439	0.5002	0.4604
10	0.9053	0.8203	0.7441	0.6756	0.6139	0.5584	0.5083	0.4632	0.4224
11	0.8963	0.8043	0.7224	0.6496	0.5847	0.5268	0.4751	0.4289	0.3875
12	0.8874	0.7885	0.7014	0.6246	0.5568	0.4970	0.4440	0.3971	0.3555
13	0.8787	0.7730	0.6810	0.6006	0.5303	0.4688	0.4150	0.3677	0.3262
14	0.8700	0.7579	0.6611	0.5775	0.5051	0.4423	0.3878	0.3405	0.2992
15	0.8613	0.7430	0.6419	0.5553	0.4810	0.4173	0.3624	0.3152	0.2745
16	0.8528	0.7284	0.6232	0.5339	0.4581	0.3936	0.3387	0.2919	0.2519
17	0.8444	0.7142	0.6050	0.5134	0.4363	0.3714	0.3166	0.2703	0.2311
18	0.8360	0.7002	0.5874	0.4936	0.4155	0.3503	0.2959	0.2502	0.2120
19	0.8277	0.6864	0.5703	0.4746	0.3957	0.3305	0.2765	0.2317	0.1945
20	0.8195	0.6730	0.5537	0.4564	0.3769	0.3118	0.2584	0.2145	0.1784
21	0.8114	0.6598	0.5375	0.4388	0.3589	0.2942	0.2415	0.1987	0.1637
22	0.8034	0.6468	0.5219	0.4220	0.3418	0.2775	0.2257	0.1839	0.1502
23	0.7954	0.6342	0.5067	0.4057	0.3256	0.2618	0.2109	0.1703	0.1378
24	0.7876	0.6217	0.4919	0.3901	0.3101	0.2470	0.1971	0.1577	0.1264
25	0.7798	0.6095	0.4776	0.3751	0.2953	0.2330	0.1842	0.1460	0.1160
30	0.7419	0.5521	0.4120	0.3083	0.2314	0.1741	0.1314	0.0994	0.0754
40	0.6717	0.4529	0.3066	0.2083	0.1420	0.0972	0.0668	0.0460	0.0318
50	0.6080	0.3715	0.2281	0.1407	0.0872	0.0543	0.0339	0.0213	0.0134

〈표 2〉 계속

이 자 율										
10%	12%	14%	15%	16%	18%	20%	24%	28%	32%	36%
0.9091	0.8929	0.8772	0.8696	0.8621	0.8475	0.8333	0.8065	0.7813	0.7576	0.7353
0.8264	0.7972	0.7695	0.7561	0.7432	0.7182	0.6944	0.6504	0.6104	0.5739	0.5407
0.7513	0.7118	0.6750	0.6575	0.6407	0.6086	0.5787	0.5245	0.4768	0.4748	0.3975
0.6830	0.6355	0.5921	0.5718	0.5523	0.5158	0.4823	0.4230	0.3725	0.3294	0.2923
0.6209	0.5674	0.5194	0.4972	0.4761	0.4371	0.4019	0.3411	0.2910	0.2495	0.2149
0.5645	0.5066	0.4556	0.4323	0.4104	0.3704	0.3349	0.2751	0.2274	0.1890	0.1580
0.5132	0.4523	0.3996	0.3759	0.3538	0.3139	0.2791	0.2218	0.1776	0.1432	0.1162
0.4665	0.4039	0.3506	0.3269	0.3050	0.2660	0.2326	0.1789	0.1388	0.1085	0.0854
0.4241	0.3606	0.3075	0.2843	0.2630	0.2255	0.1938	0.1443	0.1084	0.0822	0.0628
0.3855	0.3220	0.2697	0.2472	0.2267	0.1911	0.1615	0.1164	0.0847	0.0623	0.0462
0.3505	0.2875	0.2366	0.2149	0.1954	0.1619	0.1346	0.0938	0.0662	0.0472	0.0340
0.3186	0.2567	0.2076	0.1869	0.1685	0.1372	0.1122	0.0757	0.0517	0.0357	0.0250
0.2897	0.2292	0.1821	0.1625	0.1452	0.1163	0.0935	0.0610	0.0404	0.0271	0.0184
0.2633	0.2046	0.1597	0.1413	0.1252	0.0985	0.0779	0.0492	0.0316	0.0205	0.0135
0.2394	0.1827	0.1401	0.1229	0.1079	0.0835	0.0649	0.0397	0.0247	0.0155	0.0099
0.2176	0.1631	0.1229	0.1069	0.0930	0.0708	0.0541	0.0320	0.0193	0.0118	0.0073
0.1978	0.1456	0.1078	0.0929	0.0802	0.0600	0.0451	0.0285	0.0150	0.0089	0.0054
0.1799	0.1300	0.0946	0.0808	0.0691	0.0508	0.0376	0.0208	0.0118	0.0068	0.0039
0.1635	0.1161	0.0829	0.0703	0.0596	0.0431	0.0313	0.0168	0.0092	0.0051	0.0029
0.1486	0.1037	0.0728	0.0611	0.0514	0.0365	0.0261	0.0135	0.0072	0.0039	0.0021
0.1351	0.0926	0.0638	0.0531	0.0443	0.0309	0.0217	0.0109	0.0056	0.0029	0.0016
0.1228	0.0826	0.0560	0.0462	0.0382	0.0262	0.0181	0.0088	0.0044	0.0022	0.0012
0.1117	0.0738	0.0491	0.0402	0.0329	0.0222	0.0151	0.0071	0.0034	0.0017	0.0008
0.1015	0.0659	0.0431	0.0349	0.0284	0.0188	0.0126	0.0057	0.0027	0.0013	0.0006
0.0923	0.0588	0.0378	0.0304	0.0245	0.0160	0.0105	0.0046	0.0021	0.0010	0.0005
0.0573	0.0334	0.0196	0.0151	0.0116	0.0070	0.0042	0.0016	0.0006	0.0002	0.0001
0.0221	0.0107	0.0053	0.0037	0.0026	0.0013	0.0007	0.0002	0.0001	*	*
0.0085	0.0035	0.0014	0.0009	0.0006	0.0003	0.0001	*	*	*	*

〈표 4〉 연금의 현가계수 (*PVIFA*)

$$PVIFA = \left[\frac{1}{R} - \frac{1}{R(1+R)^n}\right]$$

	이 자 율								
기간	1%	2%	3%	4%	5%	6%	7%	8%	9%
1	0.9901	0.9804	0.9709	0.9615	0.9524	0.9434	0.9346	0.9259	0.9174
2	1.9704	1.9416	1.9135	1.8861	1.8594	1.8334	1.8080	1.7833	1.7591
3	2.9410	2.8839	2.8286	2.7751	2.7232	2.6730	2.6243	2.5771	2.5313
4	3.9020	3.8077	3.7171	3.6299	3.5460	3.4651	3.3872	3.3121	3.2397
5	4.8534	4.7135	4.5797	4.4518	4.3295	4.2124	4.1002	3.9927	3.8897
6	5.7955	5.6014	5.4172	5.2421	5.0757	4.9173	4.7665	4.6229	4.4859
7	6.7282	6.4720	6.2303	6.0021	5.7864	5.5824	5.3893	5.2064	5.0330
8	7.6517	7.3255	7.0197	6.7327	6.4632	6.2098	5.9713	5.7466	5.5348
9	8.5660	8.1622	7.7861	7.4353	7.1078	6.8017	6.5152	6.2469	5.9952
10	9.4713	8.9826	8.5302	8.1109	7.7217	7.3601	7.0236	6.7101	6.4177
11	10.3676	9.7868	9.2526	8.7605	8.3064	7.8869	7.4987	7.1390	6.8052
12	11.2551	10.5753	9.9540	9.3851	8.8633	8.3838	7.9427	7.5361	7.1607
13	12.1337	11.3484	10.6350	9.9856	9.3936	8.8527	8.3577	7.9038	7.4869
14	13.0037	12.1062	11.2961	10.5631	9.8986	9.2950	8.7455	8.2442	7.7862
15	13.8651	12.8493	11.9379	11.1184	10.3797	9.7122	9.1079	8.5595	8.0607
16	14.7179	13.5777	12.5611	11.6523	10.8378	10.1059	9.4466	8.8514	8.3126
17	15.5623	14.2919	13.1661	12.1657	11.2741	10.4773	9.7632	9.1216	8.5436
18	16.3983	14.9920	13.7535	12.6593	11.6896	10.8276	10.0591	9.3719	8.7556
19	17.2260	15.6785	14.3238	13.1339	12.0853	11.1581	10.3356	9.6036	8.9501
20	18.0456	16.3514	14.8775	13.5903	12.4622	11.4699	10.5940	9.8181	9.1285
21	18.8570	17.0112	15.4150	14.0292	12.8212	11.7641	10.8355	10.0168	9.2922
22	19.6604	17.6580	15.9369	14.4511	13.1630	12.0416	11.0612	10.2007	9.4424
23	20.4558	18.2922	16.4436	14.8568	13.4886	12.3034	11.2722	10.3741	9.5802
24	21.2434	18.9139	16.9355	15.2470	13.7986	12.5504	11.4693	10.5288	9.7066
25	22.0232	19.5235	17.4131	15.6221	14.0939	12.7834	11.6536	10.6748	9.8226
30	25.8077	22.3965	19.6004	17.2920	15.3725	13.7648	12.4090	11.2578	10.2737
40	32.8347	27.3555	23.1148	19.7928	17.1591	15.0463	13.3317	11.9246	10.7574
50	39.1961	31.4236	25.7298	21.4822	18.2559	15.7619	13.8007	12.2335	10.9617

〈표 4〉 계속

이 자 율									
10%	12%	14%	15%	16%	18%	20%	24%	28%	32%
0.9091	0.8929	0.8772	0.8696	0.8621	0.8475	0.8333	0.8065	0.7813	0.7576
1.7355	1.6901	1.6467	1.6257	1.6052	1.5656	1.5278	1.4568	1.3916	1.3315
2.4869	2.4018	2.3216	2.2832	2.2459	2.1743	2.1065	1.9813	1.8684	1.7663
3.1699	3.0373	2.9137	2.8550	2.7982	2.6901	2.5887	2.4043	2.2410	2.0957
3.7908	3.6048	3.4331	3.3522	3.2743	3.1272	2.9906	2.7454	2.5320	2.3452
4.3553	4.1114	3.8887	3.7845	3.6847	3.4976	3.3255	3.0205	2.7594	2.5342
4.8684	4.5638	4.2883	4.1604	4.0386	3.8115	3.6046	3.2423	2.9370	2.6775
5.3349	4.9676	4.6389	4.4873	4.3436	4.0776	3.8372	3.4212	3.0758	2.7860
5.7590	5.3282	4.9464	4.7716	4.6065	4.3030	4.0310	3.5655	3.1842	2.8681
6.1446	5.6502	5.2161	5.0188	4.8332	4.4941	4.1925	3.6819	3.2689	2.9304
6.4951	5.9377	5.4527	5.2337	5.0286	4.6560	4.3271	3.7757	3.3351	2.9776
6.8137	6.1944	5.6603	5.4206	5.1971	4.7932	4.4392	3.8514	3.3868	3.0133
7.1034	6.4235	5.8424	5.5831	5.3423	4.9095	4.5327	3.9124	3.4272	3.0404
7.3667	6.6282	6.0021	5.7245	5.4675	5.0081	4.6106	3.9616	3.4587	3.0609
7.6061	6.8109	6.1422	5.8474	5.5755	5.0916	4.6755	4.0013	3.4834	3.0764
7.8237	6.9740	6.2651	5.9542	5.6685	5.1624	4.7296	4.0333	3.5026	3.0882
8.0216	7.1196	6.3729	6.0472	5.7487	5.2223	4.7746	4.0591	3.5177	3.0971
8.2014	7.2497	6.4674	6.1280	5.8178	5.2732	4.8122	4.0799	3.5294	3.1039
8.3649	7.3658	6.5504	6.1982	5.8775	5.3162	4.8435	4.0967	3.5386	3.1090
8.5136	7.4694	6.6231	6.2593	5.9288	5.3527	4.8696	4.1103	3.5458	3.1129
8.6487	7.5620	6.6870	6.3125	5.9731	5.3837	4.8913	4.1212	3.5514	3.1158
8.7715	7.6446	6.7429	6.3587	6.0113	5.4099	4.9094	4.1300	3.5558	3.1180
8.8832	7.7184	6.7921	6.3988	6.0442	5.4321	4.9245	4.1371	3.5592	3.1197
8.9847	7.7843	6.8351	6.4338	6.0726	5.4509	4.9371	4.1428	3.5619	3.1210
9.0770	7.8431	6.8729	6.4641	6.0971	5.4669	4.9476	4.1474	3.5640	3.1220
9.4269	8.0552	7.0027	6.5660	6.1772	5.5168	4.9789	4.1601	3.5693	3.1242
9.7791	8.2438	7.1050	6.6418	6.2235	5.5482	4.9966	4.1659	3.5712	3.1250
9.9148	8.3045	7.1327	6.6605	6.2463	5.5541	4.9995	4.1666	3.5714	3.1250

찾아보기

ㄱ

가산세 121, 134
가중평균자본비용(WACC: weighted average cost of capital) 249
가치의 가산원리(VAP: Value Additivity Principle) 268
각사업연도소득금액 117
간접금융 199
간접세 108, 141
간접원가 65
개별소비세 111
개인단위 과세제도 127
거래기록절차 45
거래의 이중성(duality of transactions) 47
결집효과 125
경영분석 150
경제적 부실 172
계속기업(going concern) 234
계정식 31
고저점법(high-low method) 95
고정예산(static budget) 97
고정원가 66
공헌이익(contribution margin) 79
관련범위 66
관리회계(managerial accounting) 25, 61
관세 111
국세 107
국제회계기준(IFRS: International Financial Reporting Standards) 42
규제금리 222
근로소득공제 132
근로소득금액 132
기술적 지급불능 173
기업부실 172
기타소득금액 133
꺾기 222

ㄴ

내국일반소비세 140
내부수익률(IRR: internal rate of return) 265
내부조달 198

ㄷ

다단계거래세 141
단순금리 219
당기제품제조원가 74
당기총제조비용 73
당좌비율 156
대리납부 140
대리이론(agency theory) 258
독립세 109
등록면허세 112

ㄹ

레버(lever) 85
레버리지(leverage) 85

ㅁ

마케팅관리 17
매출액이익률 157
매출액증가율 160
매출채권회전율 160
면세 144
목적세 107
물세 108
미래가치(future value) 227

미래가치계수 228

ㅂ

발생주의(accrual basis) 53
방만경영형 176
배당소득금액 131
법인세 109, 114
법인세과세표준 119
법인세산출세액 120
변동예산(flexible budget) 97
변동원가 65
보고식 32
보상예금(compensating balance) 222
보통세 107
복리계수 228
복식부기(double entry book-keeping) 48
부가가치 137
부가가치세 110, 137
부가세 109
부분면세 145, 146
부채(liabilities) 30
부채비율 156
분개(journalizing) 46
분류과세 125
분류오차 183
분리과세 127
비용(expense) 36
비용편익분석(cost benefit analysis) 270
비유동부채 34
비유동자산 33

ㅅ

사업소득금액 131
산업평균비율 154
상속세 110
생산관리 17
설비자금 210
성장성분석 160
세무조정 118
세무회계 27
세액감면 121, 134
세액공제 121, 134
소득세 109, 124
소득원천설 115, 124
소비지국과세원칙 139
손금불산입 119
손금산입 119
손익계산서(I/S: Income Statement) 35
손익계산서 회계등식 37
손익분기점(BEP: break-even point) 78
손익분기점비율(BEP비율) 83
수익(revenue) 35
수익성분석 157
수익성지수(PI: Profitability Index) 269
순자산증가설 114, 115
순현재가치(NPV: net present value) 261
시간선호(time preference) 227
시산표(T/B: Trial Balance) 52
신고납세방식 116, 129
실세금리 222
실질적 지급불능 173
실효금리 220

ㅇ

안전성분석 155
안전한계 83
안전한계율 83
연금(annuity) 229
연금소득공제 132
연금소득금액 132

연쇄도산형 176
영구연금(perpetuity) 234
영세율 140, 142
영업레버리지(operating leverage) 86
영업활동 23
예산 90
완전면세 142, 143
외부조달 198
운전자금 210
원가(cost) 64
원가회계(cost accouting) 26, 60
원천징수 128
유동부채 34
유동비율 155
유동자산 33
이익관리 77
이익증가율 161
이자소득금액 131
익금불산입 118
익금산입 118
인사관리 17
인세 108
일반적으로 인정된 회계원칙(GAAP: Generally Accepted Accounting Principles) 41
일시불(one payment) 228

ㅈ

자기자본비용 243
자본(capital) 30
자본구조이론(capital structure theory) 192
자본부족형 175
자본예산(capital budgeting) 192, 252
자본이익률 157
자본자산가격결정모형(CAPM: capital asset pricing model) 244
자본조달결정(financing decision) 192
자산(assets) 30
재고자산회전율 159
재공품 69
재무관리 16
재무레버리지(financial leverage) 89
재무분석(financial analysis) 150
재무상태표(Statement of Financial Position) 29
재무상태표 회계등식 31
재무제표(F/S: Financial Statements) 28
재무활동 23
재무회계(financial accounting) 25
재산세 112
전기(posting) 47
전단계세액공제법 137
정상영업주기 33
제조원가명세서 70, 71
조세 106
조세법률주의 107
종가세 108
종량세 108
종합과세 126
종합소득 126
종합소득과세표준 133
종합소득금액 131
종합소득산출세액 133
종합예산 91
주가수익비율(PER) 162
주가순자산비율(PBR) 162
주당순이익(EPS: earnings per share) 40
주세 111
증권거래세 111
증여세 110
지급불능 173

지방세 107
지방소득세 113
지방소비세 112
직접금융 199
직접세 108
직접원가 65

ㅊ

차이분석 98
총자본순이익률 157
총자산증가율 161
총자산회전율 159
최저현금보유량(minimum cash balance) 208
취득세 112

ㅋ

키코(KIKO) 217

ㅌ

타계정대체액 73
투자결정(investment decision) 191
투자활동 23

ㅍ

파산 173
파생금융상품 217
판별분석 182
판별함수 183
평균이익률(ARR: average rate of return) 258
표시금리 220
표준비율 153
표준원가 94
프로필분석 180

ㅎ

한국은행모형 184
한국채택국제회계기준(K-IFRS) 42
할인(discount) 231
할인금리 219
항상성장모형 235
현가계수 231
현가곡선 264
현금예산(cash budget) 207
현금의 수입(cash receipt) 35
현금의 지출(cash expenditure) 36
현금주의(cash basis) 53
현금흐름표(cashflow statement) 202
현금흐름할인법(DCF법: discouted cash flow method) 261
현재가치 231
화폐의 시간가치(TVM: Time Value of Money) 227
확장붕괴형 175
활동성분석 159
회계(accounting) 18, 22
회계기준 41
회계순환과정(accounting cycle) 44
회수기간(payback period) 256

CVP분석 78
K-score Model 184
ZETA Model 184
Z-score Model 184

이의경(李義景)

• 약력

성균관대학교 경제학과
서울대학교 대학원 경영학석사(재무관리)
서울대학교 대학원 경영학박사(재무관리)
삼일회계법인 근무(공인회계사)
전주대학교 교수
University of Illinois at Urbana-Champaign 연구교수
공인회계사시험 출제위원
한국재무관리학회 상임이사 및 편집위원
한국경영교육학회 부회장
현재) 대진대학교 경영학과 교수, 사회과학대학 학장

• 저서와 논문

재무관리 – 이론과 응용, 제5판(경문사, 2011)
증권강의, 제6판(신론사, 2015)
선물과 옵션, 제2.1판(명경사, 2015)
이기적인 대리인들(명경사, 2011)
How to Teach M&M's Capital Structure Irrelevance Theory(2006)
세법의 주가설명력과 주가결정력(2007)
중국증권시장의 정보이전효과에 관한 연구(2012)
인적특성변수가 투자성과와 교육효과에 미치는 영향(2013)

신승묘(辛承卯)

• 약력

서울대학교 경영학과
서울대학교 대학원 경영학석사(회계학)
서울대학교 대학원 경영학박사(회계학)
삼일회계법인 근무(공인회계사)
충북대학교 교수
University of Washington at Seattle 연구교수
공인회계사시험
세무사시험, 사법시험, 행정고시 등 출제위원
공기업 및 준정부기관 경영평가위원
한국세무학회 부회장
중부지방국세청 국세심사위원
현재) 인하대학교 경영학부 교수

• 저서와 논문

조세법의 이해 –사업경영의 세무를 중심으로– (대영사, 2003)

세법개론(비즈프레스, 2010)

조세부담이 부채수준에 미치는 영향과 한계세율의 내생성(2005)

조세최소화에 대한 제약이 자본구조에 미치는 영향에 관한 실증연구(2007)

기업의 리스이용 및 리스유형선택 의사결정에 영향을 미치는 조세 및 비조세요인에 관한 실증연구(2009)

운용리스의 자본화가 재무비율에 미치는 영향과 기업의 신용평가(2011)

경영자지분과 부채수준 사이의 대체효과와 기업의 한계세율(2012)

회계이익과 세무이익의 차이가 자본구조에 미치는 영향(2013)

한권에 담은 회계·세무·재무 값15,000원

2014년 6월 27일 초판 발행
2016년 8월 27일 초판 2쇄

저 자 이의경·신승묘
발행인 리 재 영
발행처 新論社
등록번호 제10-308호(1989.3.4)

판매처 새문사
등록번호 제1-273호(1977.9.19)

주소 : 서울시 마포구 대흥로6길 6-12
전화 : (02)715-7232(代), 717-7235, Fax : (02)715-7235
E-mail : sinlon@saemoon.co.kr
website : www.saemoonbook.com
ISBN : 978-89-7411-390-2 93320